Ralf Arndt

SPIEGELBILDER

RALF ARNDT

SPIEGELBILDER

Eine Antwort an die Kinder vom Bahnhof Zoo

VERLAG SCHULTE + GERTH ASSLAR

Best.-Nr. 15 507
ISBN 3-87739-507-4
Umschlaggestaltung: Herybert Kassühlke
Satz: Typostudio Rücker & Schmidt
Druck: Franz Spiegel Buch GmbH, Ulm
Printed in Germany

1

Sister Morphin. Dieses Lied der Stones fand ich total irre. Eine wahnsinnig starke Beleuchtung huschte über die Tanzfläche. Faszination von Farben und Musik. Meine Augen tasteten alles ruhelos ab. Die Typen und Bräute*, die auf der Tanzfläche waren, bewegten sich im Zeitlupentempo. Ich hatte das Gefühl, als würde ich nicht mehr sitzen, sondern Teil des Farbenspiels sein. Angst überfiel mich. Die Pille, die ich geschluckt hatte, war unheimlich stark. Ich versuchte mich zu konzentrieren, aber es gelang mir nicht. Panik stieg in mir auf. Raus! Ich muß raus! Langsam bekam ich wieder Kontrolle über meinen Körper. Innerlich zitternd stand ich auf. Vor meinen Augen verwandelte sich alles, was ich ansah. Alles, was ich anfaßte, fühlte sich wie Schaumstoff an.

Ich versuchte, cool zu bleiben, und fand schließlich auch den Weg zum Ausgang. An der Treppe zündete ich mir eine Zigarette an. Mit gierigen Zügen inhalierte ich den Rauch. Gleich fühlte ich mich besser. Helles Licht und die frische Luft halfen mir, meine Fassung wiederzugewinnen. Nobse, mein Kumpel, war auch da. Er stand an die Wand gelehnt und baute sich gerade eine Tüte. Er warf mir einen Blick zu, ein Lächeln folgte. Ohne sichtbaren Grund fing ich an zu kichern. Und er? Nobse kugelte sich schon so vor Lachen, daß ihm beinahe der Joint aus der Hand fiel. In seinen Augen stand ein Leuchten, das ich lesen konnte, und er las von meinen Augen ab. Es war eine Un-

---

* Spezialausdrücke der Drogenszene sind im Anhang erklärt

terhaltung ohne Worte. Meine Hand griff instinktiv in die Tasche und nestelte ein Stück Pakistani hervor, um die Tüte noch praller zu füllen. Nobse erzählte mir von seinen Empfindungen, die er auf dem Trip hatte. Sie waren fast identisch mit meinen, deswegen waren wir beide rausgegangen.

Kaum brannte die Tüte, als der Geruch sich verbreitete und schon die ersten Freaks kamen: „Gebt ihr uns einen Zug ab?" oder „Laß mal ziehen!" Aber erstmal törnten wir uns an, den Rest gaben wir dann weiter.

Der Shit jagte uns eine Stufe höher. Von jetzt an nahm der Trip einen anderen Verlauf. Er wurde ruhiger, der Speed war abgeklungen. Aber das optische Empfinden wurde stärker. Nobse hatte Durst, und ich hatte Lust zum Tanzen. Also gingen wir wieder rein.

Am Rand der Tanzfläche standen eine Menge Leute. Im Schein der Lichtorgel und des Stromalichtes sahen sie aus wie gespenstische Wesen. Die Augen geschlossen, den Kopf nach der Musik hin und herwiegend, standen sie völlig abwesend da. Ein fantastischer Anblick! Die meisten waren angetörnt, das war klar. Meine Augen blickten in das Gewirr der Lichter. Plötzlich hatte ich einen Bruch in meinen Empfindungen. Was war los? Ich blickte schnell durch. Es war dunkel geworden. Aus den Lautsprecherboxen kamen softige Töne, untermalt mit ruhigem Lichterspiel. Ich kannte dieses Stück, mein Lieblingsstück: „White bird" von „It's a beautiful day". Ich ging auf die Feelings ein. Mein Körper begann sich zu bewegen, ich tanzte.

In mir öffnete sich der Himmel. Er war blau, die Sonne wärmte mich. Welch ein Frieden! Dies ist meine Welt. Hierher kann mir niemand folgen, hier herrschen die Gesetze des Friedens. Es ist kaum faßbar. Ich lebe! Hier ist niemand, der sagt: „Tue dies, laß das!" In dieser Welt kann ich sein, wie ich bin. Und niemand soll hereinblicken. Dies ist meine Welt, meine, meine ...

5 Uhr morgens. Ich saß mit Nobse an der Theke und trank einen Saft. Die Angestellten hatten sich mit Besen, Tüchern und Mülleimern bewaffnet. Das war ein totaler Feelingsbruch. Wir bezahlten und gingen. Draußen ging die Sonne auf. Kaum Leute auf der Straße, nur einige eilige Frühaufsteher, die zur Arbeit hasteten. Ich verspürte Ekel. Arbeiten! Ist der Mensch nur zum Arbeiten da? Nein, das kann ja wohl nicht sein. Arbeiten, Money machen, Auto, Haus, Ansehen, etwas sein. Sind das Werte, die einen Menschen ausmachen? Ob sie auch Gefühle haben, die Eiligen? Sehnsucht nach mehr als nur dem, was man sieht? Nobse und ich waren noch nicht müde und gingen durch den Park spazieren. Die Natur ist so unwahrscheinlich schön. Lichtstrahlen der Sonne brachen sich in den Kronen der Bäume. Alles wirkte so harmonisch zusammen. Ist das Leben vielleicht nur ein Gedanke?

Nobse und ich kannten uns schon lange. Ungefähr seit dem zehnten Lebensjahr. Mann, was hatten wir schon für Korken abgezogen ... Dabei war das Kennenlernen für mich eine ziemlich frustrierende Sache gewesen.

Ich fummelte damals gerade an meinem Fahrrad herum, als er die Straße entlanggeschlendert kam. Ich hatte ihn schon oft gesehen, aber gesprochen hatten wir noch nie miteinander. Vor gut einer Stunde waren, wie jeden Samstag, die Monkees im Fernsehen zu sehen gewesen. Darum hatte er wohl auch den grünen Pullover an, auf dem mit gelbem Garn „The

Monkees” gestickt war. Er sah selbst wie ein Affe aus. Ihm war wohl langweilig und er steuerte direkt auf mich zu. In seiner rechten Hand hielt er ein Kartenspiel.

„Hallo”, sagte er, und ich erwiderte „Hallo”. Wir redeten ein bißchen über die Sendung mit den Monkees, und er fragte, was ich von den Beatles halten würde. Ich ließ das Fahrrad stehen und ging mit ihm in den Hof, wo er wohnte. Dort setzten wir uns auf eine Bank. Er erklärte mir ein neues Kartenspiel, 17 + 4. Wer gewann, durfte dem anderen mit dem ganzen Kartenspiel auf die Fingerkuppen schlagen. An diesem Abend mußte ich meine Fingerkuppen in einer Wasserschüssel kühlen. Ja, so lernten wir uns kennen.

Unseren Schulweg gingen wir jetzt gemeinsam. Immer wenn wir gleichzeitig Schulbeginn hatten, trafen wir uns am Zigarettengeschäft Schwarz. Manchmal kauften wir uns noch für 30 Pfennig Zigaretten, Chester, 5 Stück. Das war ein ziemlich mieses Kraut, aber billig. Und wir rauchten.

Öfter passierte es uns, daß Lehrer mit dem Auto vorbeifuhren. Wenn sie uns gesehen hatten, konnten wir uns schon an den Fingern abzählen, was wenig später im Klassenbuch stehen würde. Ich kann mich noch an eine Begebenheit erinnern. Nobse und ich schlenderten in Richtung Schule mit einer Kippe in der Hand, als uns plötzlich ein Lehrer entgegenkam. Mir schoß das Blut in den Kopf. Was sollten wir machen?

Schnell nahmen wir die Zigaretten in die Innenhand und steckten sie in die Anoraktaschen. Nur noch wenige Schritte, und der Pauker war an uns vorbei. Aber Pustekuchen, er blieb stehen und fragte uns belanglose Sachen. Mann, in der Tasche wurde es langsam immer wärmer. Was jetzt kam, war nur noch eine Frage des Anstands und der Höflichkeit. Schließlich hatten wir eine Hand in der Tasche, und es hieß doch immer: „Hände aus den Taschen, wenn du dich mit Erwachsenen unterhältst!" Deswegen starrte der Pauker ständig auf unsere Hände. Ich schaute nach unten. Aus den Augenwinkeln konnte ich erkennen, daß es aus der Tasche ganz schön qualmte. Aber ich tat so, als wäre nichts. Ganz schön blöd, was?

Endlich nahm er sich Nobse vor und betrachtete seine im Anorak steckende Hand. Meinem Kumpel wurde es zu bunt und zu heiß. Langsam zog er die Hand aus der Tasche, warf die Zigarette auf den Boden und trat sie aus. Und ich? Ich folgte seinem Beispiel, aber aus einem noch zwingenderem Grund. Mein Anorak war aus Nylon. Eigentlich hatte nur noch eine dramatische, musikalische Untermalung gefehlt.

Heute hört sich die Story ziemlich lustig an, aber damals war mir nicht nach lachen zumute. Vor allen Dingen bekam ich noch einen Brief von meinem Lehrer an die Eltern mit. Natürlich mit der Anweisung, ihn unterschrieben zurückzubringen. Der Gedanke daran, den Brief meinem Vater vorzulegen, ließ mich schier verzweifeln.

Mein Vater. Wer war das eigentlich? Oft stellte ich mir diese Frage. Wie fühlte er? Was dachte er? Was war er für ein Mensch? Damals fiel mir nicht auf, daß ich ihn kaum kannte, da war er eben mein Vater. Aber heute? Ich kann mich noch an manche Ereignisse, die meinen Vater betreffen, erinnern.

In den fünfziger Jahren wohnten wir in der Jenaerstr. 2 in Wilmersdorf. Wie das Haus aussah, weiß ich noch ganz genau. Es war sehr alt und kaputt. Wir wohnten im dritten Stock. Wir, das waren die Eltern und meine Schwestern Sylvia und Sibylle. Oma und Opa wohnten im Parterre. An die anderen Bewohner im Haus kann ich mich nur noch schwach erinnern. Da war noch Frau Becker, von der wir oft Marzipan geschenkt bekamen. Im Hof stand ein großer Kastanienbaum, daneben eine eiserne Klopfstange. An ihr hatten meine Eltern eine selbstgemachte Schaukel angebracht. Und dann gab es noch das Motorrad von meinem Vater, das mich sehr interessierte. Oft durfte ich mich draufsetzen und Rennfahrer spielen. Der Höhepunkt kam, wenn Vater die Maschine anwarf und ich Gas geben durfte. Für mich ein einprägsames Erlebnis. Für die Bewohner der Nachbarhäuser auch.

Aber meine Rennfahrerkarriere endete ziemlich abrupt an einem Sonntag. Fast alle Verwandten waren zu Besuch gekommen. Sie saßen vor dem Haus unter der großen, schattenspendenden Kastanie und tranken Kaffee. Diese Gelegenheit wollte ich ausnützen, um einem großen Publikum zu beweisen, was für ein guter Rennfahrer ich wäre. Also versuchte ich, alleine auf das Motorrad zu klettern, aber ich schaffte es nicht. Erst nachdem meine Schwester Sibylle gekommen war und mit viel Schieben und Drücken geholfen hatte, kam ich endlich auf die Maschine. Aber nun wollte meine Schwester auch Rennfahrer spielen. Ich erlaubte es ihr, und sie setzte sich auf den Rücksitz. Mit etwas Spucke zwischen den Lippen brachte ich ein kräftiges „Brumm, brumm, brumm" hervor. Aber dann passierte es. Das Motorrad kippte um. Sibylle und ich lagen schreiend unter der schweren DKW. Alle rannten zu uns. Mein Vater stemmte die Maschine hoch und stellte sie wieder auf den Bock. In der Zwischenzeit wurden wir betastet und untersucht, aber es war alles in Ordnung. Ich bewunderte meinen

Vater, der so stark war, daß er das Motorrad ganz alleine aufrichten konnte.

Es gibt noch ein anderes Ereignis aus der gleichen Zeit, an das ich mich nur allzugut erinnere. Wir hatten Besuch aus dem Schwarzwald, der Bruder meines Vaters war mit seinen Söhnen gekommen. In der letzten Zeit hatten wir Kinder unseren Vater öfters betrunken erlebt. Und das waren immer schlimme Erlebnisse. Aber mit jenem Abend ist die schlimmste Erinnerung meiner Kindheit verknüpft. Wir schliefen alle in einem Zimmer. Es muß schon ziemlich spät gewesen sein, als wir durch Vaters Gebrüll geweckt wurden. Gespannt lauschten wir. Neben der Stimme unseres Vaters hörten wir immer wieder Schmerzensschreie von Mutter. Ich fing als erster an zu weinen und zu schreien, und bald weinten wir alle. Es war so furchtbar dunkel; keiner traute sich, Licht anzumachen. Ab und hörten wir die beruhigende Stimme unseres Onkels, der zu schlichten versuchte. Aber Vater schmiß ihn raus mit den Worten: „Misch dich nicht ein!"

Wieder Schmerzensschreie unserer Mutter. Ein lautes Krachen, klirrendes Geschirr, Schreie. Wir starben fast vor Angst. Auf einmal wurde es ruhig, man hörte nur noch das leise Weinen von Mutter. Die Tür ging auf, Vater kam in unser Zimmer, direkt auf mein Bett zu. Ich schrie und weinte noch mehr. Er nahm mich auf seinen Arm und trug mich ins andere Zimmer. Mutter lag auf dem Boden und weinte. Überall lagen Sachen herum. Vater setzte mich aufs Bett und ging zu Mutti. Was sie miteinander sprachen, verstand ich nicht, dafür sah ich um so mehr. Auf einmal zog Vater Mutti hoch und schlug wieder auf sie ein. Immer wieder schlug er mit Fäusten gegen die Brüste und den Körper meiner Mutter. Und sie?

Sie weinte, schrie und sah mich dabei traurig an. Was danach kam, weiß ich nicht mehr so genau. Ich saß nur auf dem Bett und sah Mutter an.

Am nächsten Tag sprachen meine Eltern über Scheidung. Kaum waren die schrecklichen Erlebnisse vom Vorabend vorbei, als ich mit den Gesprächen meiner Eltern konfrontiert wurde. Vater sagte, er wolle mich haben, wenn die Scheidung durch sei. Eine Eisenbahn würde ich dann bekommen und viele andere Dinge. Mutter dagegen sagte, sie würde uns Kinder nie hergeben, weil sie uns liebte. Ich saß dazwischen und sollte mich entscheiden. Mit 4 Jahren! Bald stellte sich heraus, daß sie sich doch nicht scheiden lassen wollten. Aber das Erlebnis blieb in mir haften. Wir Kinder wurden noch oft mit solchen, später fast alltäglichen, Auseinandersetzungen konfrontiert.

Unser Lieblingsspielplatz war im Hof unter dem großen Kastanienbaum. Einen Spielkameraden hatte ich kaum zu jener Zeit, denn ich war fast jeden Tag bei Oma. Sie war sehr schwer krank, und wenn schönes Wetter war, lag sie draußen im Lehnstuhl unter dem Kastanienbaum. Ich hörte mal Opa sagen, daß Oma Krebs hatte. Natürlich wußte ich nicht, was das war. Ich wußte nur, daß sie sehr lieb war, weil sie mir oft Geschichten erzählte. Ich mochte sie ganz besonders gern. Immer wenn ich sie ansah, fing meine Phantasie an, Oma zu verwandeln. Sie hatte langes, weißes Haar, das zu einem Knoten zusammengebunden war. Ihre Augen waren blau und leuchteten in der Sonne. Für mich wurde sie immer zu einer guten, alten Fee.

Im Spätsommer 1960, die Blätter färbten sich langsam goldgelb, spielte ich mit meinem neuen Freund Karl-Heinz allein unter dem großen Kastanienbaum.

Oma ging es immer schlechter. Ich durfte sie auch nur noch einmal pro Tag besuchen. Jetzt, wo es kälter wurde, war ich öfters bei Karl-Heinz. Er wohnte gerade gegenüber auf der anderen Straßenseite, dort wo sie neu gebaut hatten. Es wurde Winter. Ich ging, wie so oft in letzter Zeit, etwas später zum Abendessen nach Hause. Natürlich gab es dann immer Ärger. Aber was sollte ich machen? Beim Spielen vergißt man die Zeit oder will sie vergessen. Schnell rannte ich über die verschneite Straße zum Hauseingang. Wie ich es gelernt hatte, klopfte ich mir den Schnee von den Schuhen und rannte die hölzernen Stufen hinauf. Im dritten Stock angekommen, blieb ich noch kurz vor der Glastür stehen, bis mir eine gute Ausrede eingefallen war, dann klingelte ich . Mit Tränen in den Augen öffnete mir Mutter. Sie schimpfte auch gar nicht, sondern nahm mich in die Arme und drückte mich. Gemeinsam gingen wir ins Wohnzimmer. Dort saßen Opa, Vater, Tante Erika und einige andere. Irgend etwas mußte geschehen sein, und dann kam es. Mutter zog mich zu sich heran, streichelte über mein blondes Haar und sagte mit schluchzender Stimme: „Oma ist vor einer Stunde gestorben."

So richtig verstand ich das nicht. Oma tot! Sibylle kam gerade ins Wohnzimmer, besser gesagt, sie öffnete die Tür nur einen Spalt weit und blickte mit tränennassen Augen zu mir herüber. Ich löste mich aus Mutters Umarmung, rannte aus dem Zimmer, den langen Flur entlang in die Küche. Sibylle war auch da. Wir sahen uns an. Auf einmal mußten wir beide fürchterlich lachen, immer lauter und lauter, bis wir nur noch schrieen.

Mutter kam in die Küche und sah uns entsetzt an. Aber nicht lange, dann brach ich in Tränen aus. Stundenlang lag ich auf meinem Bett und wollte mich nicht beruhigen lassen. Oma war nicht mehr, obwohl ich sie so sehr liebte.

Einige Tage später war die Beerdigung. Die Trauerfeier fand bei uns statt. Überall hingen dicke Mäntel. Mutter rannte zwischen Küche und Wohnzimmer hin und her. Ab und zu schaute ich mal ins Zimmer, um zu sehen, was dort los war. Fast alle Frauen weinten, auch Tante Erika, meine Lieblingstante. Schnell schloß ich die Tür und schlenderte den langen Flur entlang. Beim Betrachten der Mäntel kam mir ein Gedanke. Vielleicht ist da Geld drin? Zögernd faßte ich in die erste Manteltasche, nichts. Dann in die nächste, wieder nichts. Im Kinderzimmer lagen noch mehr Mäntel; ich ging hinein und schloß schnell die Tür hinter mir. Wieder griff ich in eine Manteltasche. Da! Ich fühlte etwas zwischen meinen Fingern, es war ein Fünfziger. Schnell steckte ich ihn in meine Hosentasche. Irgendwie war mir unwohl, aber ich zog mein Mäntelchen an und fragte Mutter, ob ich nicht noch für kurze Zeit schlittern gehen könnte. Meine Geschwister hatten unten im Hof eine Schlitterbahn angelegt; Mutter erlaubte es mir.

Unten tummelten sich eine Menge Kinder. Karl-Heinz war auch dabei und eine neue Freundin von Sylvia und Sibylle. Evelyn hieß sie und wohnte genau wie Karl-Heinz in dem Neubau. Lange blieb ich aber nicht beim Schlittern, sondern lief zum Drogisten an der Ecke. Mit dem Fünfziger in der Hand kaufte ich Papierschlangen und Leckmuscheln. Voller Freude über meinen Schatz ging ich wieder nach oben. Die Erwachsenen saßen bei Kaffee und Kuchen um den Eßtisch. Leise setzte ich mich in eine Ecke und zerriß die Papierschlangen zu einem kleinen Schnipselberg. Gerade als die Stimmung am traurigsten war, warf ich eine Handvoll Papierschnitzel in die Luft und rief dabei: „Hurra". Alle sahen mich fassungslos an, besonders Vater. Abends im Bett fragte mich Mutter, woher ich das Geld für die Papierschlangen gehabt hätte. Ich sagte ihr, aus dem Mantel, der bei mir im Zimmer lag. Mutters Gesichtszüge veränderten sich: „Was hast du nur gemacht?" Was darauf folgte, bedarf keiner Erläuterung.

2

Die Zeit verging, und der Frühling hielt seinen Einzug. Der Schmerz über Omas Tod war überwunden, als ein neues Ereignis meine ganze Aufmerksamkeit erforderte. Für mich begann „der Ernst des Lebens", wie die Erwachsenen immer sagten. Ich wurde eingeschult.

Mit Lederhosen, weißen Kniestrümpfen und einer roten Schultüte präsentierte ich mich stolz dem Fotografen. Wenn dies der Ernst des Lebens ist, was versteht man dann unter Freude des Lebens? dachte ich.

Nach einer kurzen Zeremonie, Reden, von denen ich nicht viel mitbekam, wurden wir unseren Lehrern zugeteilt. Ich bekam eine Klassenlehrerin. Aber meine Freude schlug schnell um, als ich erfuhr, daß Karl-Heinz, mein Freund von nebenan, in eine andere Klasse kam. Wir wollten unbedingt zusammenbleiben, doch unser Wunsch wurde nicht erfüllt; es war nun mal so. Frau Engelhard, so hieß meine Lehrerin, zeigte uns allen das Klassenzimmer. Nach und nach wurden wir namentlich aufgerufen und bekamen Sitzplätze zugewiesen. Vor uns auf den Tischen stand ein Pappschild mit unseren Vornamen. Frau Engelhard erklärte uns, daß dies dazu dienen würde, damit sie sich unsere Namen besser merken könnte. Wir lernten noch ein Lied und konnten dann nach Hause gehen. Draußen wartete schon Karl-Heinz. Gemeinsam machten wir uns auf den Heimweg. Unterwegs öffneten wir unsere Schultüten und staunten nicht schlecht über den Inhalt. Zu Hause versuchte Mutter, mich zum Mittagessen zu überreden, vergeblich.

Sybille war in der dritten Klasse und Sylvia schon in der sechsten. Wenn ich Schwierigkeiten mit den Schularbeiten hatte, konnte ich mich an eine von beiden wenden. Am meisten Schwierigkeiten hatte ich mit dem Schreiben. Ich verwechselte immer M und N. Schlimm war es, wenn ich Schreiben üben mußte und draußen die Sonne schien. Ich saß dann da und überlegte, wie ich mich drücken konnte. Irgend etwas fiel mir meistens ein. Also klappte ich das Schreibheft zu und ging spielen. Daraus entwickelte sich mein größtes Problem, denn ich lernte nicht, Realität und Träume voneinander zu trennen. Schulaufgaben waren für mich nicht mehr als ein lästiger Feind, den ich zu besiegen hatte. So kam es oft vor, daß ich morgens in der Schule mit rotem Kopf dasaß und mir die Ermahnungen von Frau Engelhard anhören mußte. Am schlimmsten daran war, die Schadenfreude der anderen mit anzusehen.

Mutter hatte angefangen zu arbeiten, und deswegen war es unumgänglich, daß ich die ersten Stunden nach der Schule allein zu Hause war. Meine Geschwister kamen erst später. Opa sollte zwar die Funktion des Kindermädchens übernehmen, geboren war er aber nicht dazu. Entweder spielte ich im Hof oder auf dem Ruinengrundstück Günzelstraße, Ecke Jenaerstraße. Im Sommer konnte man hier gut Pirat auf hoher See spielen. Es gab ein großes Stück verwilderte Wiese, auf der viele Butterblumen blühten. Hier wurden meine Träume aufgeführt, dies war ein Teil meiner Phantasiewelt, hier konnte ich alles sein: Kommandant eines Kriegsschiffes, Zorro oder Prinz Eisenherz.

Natürlich spielte ich hier nicht alleine. Karl-Heinz aus den Neubauten war ein dufter Spielkamerad; mit ihm konnte ich sogar Düsenjäger fliegen. Meine

Schwestern fanden uns albern und kindisch, sie hatten schon andere Interessen. Sylvia, die ältere, schwärmte für Schauspieler. Mit ihrer Freundin sammelte sie Bilder von prominenten Stars, kartonweise. Bravo und Filmmagazine waren ihre beliebtesten Jagdobjekte.

Sybille traf sich gern mit ihren Freundinnen und spielte Familie.

Gegen Abend kamen dann unsere Eltern nach Hause. Beim Abendessen stellten sie die unvermeidliche Frage nach den Schularbeiten. Ich sagte, das sei schon erledigt. Natürlich war das gelogen, und langsam wurde dies für mich zu einem großen Problem. Ich lebte aber noch in meiner heilen Phantasiewelt, von der ich mich nicht trennen wollte.

Eines Tages trat eine große Veränderung ein, wir zogen um. Als ich so richtig verstand, was Umzug bedeutete, fing ich entsetzlich an zu heulen. Eine andere Umgebung, eine andere Schule, fremde Kinder, all das würde neu sein. Und meinen Kastanienbaum und die Butterblumenwiese würde ich nie wieder sehen. Mir war elend zumute. Der Tag des Umzugs rückte immer näher. Mutter rannte in der Wohnung hin und her, packte Geschirr in Pappkartons. Vater zerlegte Schränke, montierte die Lampen ab, es war ein totales Chaos. Und ich, ich stand mitten drin, zog eine Flappe und war traurig. Noch einmal ging ich in unser Kinderzimmer. Es war schon total ausgeräumt, nur ein Bild klebte noch an der Tapete, irgend so'n Star.

Das Fenster stand offen, und ich wollte hinausschauen, aber meine Nasenspitze reichte gerade bis zum Fensterbrett. Ich überlegte, wie ich mir helfen könnte. Na klar, im Flur hatte ich doch den Küchenhocker gesehen. Mühsam schleppte ich den Hocker ans Fenster. Jetzt konnte ich gut hinausblicken. Da war er, mein Kastanienbaum mit seiner majestätischen Krone. Daneben stand auch noch die eiserne Klopfstange, aber ohne Schaukel. Nur zwei Strippenreste erinnerten daran, daß hier mal etwas gehangen hatte. Ich lehnte mich weiter hinaus, um besser nach links schauen zu können. Jetzt konnte ich den Neubau gut sehen, in dem Karl-Heinz wohnte.

Von der Straße her bog ein großer Lastwagen direkt in unseren Hof ab. Schnell sprang ich vom Hokker, rannte zu Vater und sagte es ihm. Es wurde ernst. Die ganzen Sachen mußten runtergetragen werden, und ich war höchst überflüssig. Deswegen fragte ich Mutter, ob ich noch ein bißchen Zeit hätte, um mich von meinen Spielkameraden zu verabschieden. Dagegen war nichts einzuwenden. Die Turbinen des Düsenjägers heulten auf, und ich flog die Treppen hinunter, über den Hof zum Ruinengrundstück. Karl-Heinz wartete schon auf mich. Der Kummer, den ich hatte, wich rasch. Wir einigten uns darauf, in der kurzen Zeit nur ein Handelsschiff zu entern; ein feindliches Kriegsschiff hätte zu lange gedauert.

Ich vergaß alles um mich herum, jetzt war ich wieder in meiner Welt. Erst das laute Hupen des vollbeladenen Lastwagens brachte mich in die Realität zurück. Vater und Mutter winkten mir zu, ich solle mich beeilen. Es hieß Abschied nehmen von Karl-Heinz. Noch schnell eine Düsenjägerrunde, und dann ab zum Laster. Ich durfte mich vorne auf Mutters Schoß setzen, der Wagen fuhr an. Karl-Heinz rannte noch ein Stück mit, besser, er flog ein Stück mit, bis ihm der Sprit ausging.

Unsere neue Wohnung war in der Orberstraße 35, in Schmargendorf, eine ziemlich kleine Straße.

Vor der Nummer 35 hielten wir. Meine Geschwister standen schon da, sie waren mit meiner Tante vorausgefahren. Eine Menge anderer Kinder, die neugierig geworden waren, umzingelten den LKW. Schnell rannte ich Mutter nach, die im Hauseingang verschwand. Unsere Wohnung war im ersten Stock rechts. Sie hatte 2½ Zimmer und ein Bad mit einer großen Badewanne. Nachdem ich die Wohnung inspiziert hatte, wurde ich neugierig, wie wohl meine neue Umgebung aussehen würde. Mit Erlaubnis meiner Eltern schaute ich mich vorsichtig um; es gab einen riesengroßen Hof mit einer bombastischen Wiese. Gleich vornean stand ein Schild, das ich nicht lesen konnte, irgend etwas mit spielen. Was da wirklich draufstand, sollte ich bald erfahren.

Außerdem war da noch ein riesiger Sandkasten zum Spielen. Ich war glücklich. Mit einem unüberhörbaren „Brumm, brumm, brumm" warf ich meine Triebwerke an und raste über die Wiese. Ein lautes Brüllen ließ die Triebwerke verstummen: „Wirst du wohl von der Wiese runtergehen, du Lümmel!" Dieses Brüllen wurde noch von energisch geschüttelten Fäusten unterstützt. Ich klappte meine Flügel ein und ging zum Laster. Zwei Jungen hatten mich beobachtet und lachten ungemein laut. Mann, war ich sauer!

Bald hatten wir uns alle eingelebt. Meine Schwestern fanden schnell Freundinnen und ich einige Freunde. Vater brachte uns an der Otto-Suhr-Grundschule unter, Sylvia ging schon zur Oberschule, die im gleichen Gebäude war.

Am 13. August 1961 passierte dann etwas, was die ganze Stadt und die Leute in meiner Umgebung erschütterte: Die Mauer wurde gebaut. Im Fernsehen und in der Presse sprach man sogar von einem eventuell bevorstehenden, neuen Krieg. Auf mich wirkte die Welt der Erwachsenen sehr sonderbar. Da baute man einfach eine Mauer mitten durch die Stadt, trennte

Familien und Freunde und gab der Stadt die Vornamen „Ost" und „West". Ich verstand das alles nicht. Trotzdem schnappte ich einige Begriffe auf und hantierte als eben 7-jähriger damit herum.

Mein erster Freund, den ich in der Oberstraße fand, hieß Michael. Wir lernten uns auf dem Hof beim Spielen kennen. Jeden Tag nach der Schule trafen wir uns unten im Buddelkasten und spielten Schiffsschlacht. Aber wie es mit Spielen eben ist, irgendwann wird alles mal langweilig. Da kamen wir auf eine neue Idee. Wir wollten nach Grundwasser graben. Gleich am nächsten Tag machten wir uns an die Arbeit, bewaffnet mit Schaufel, Eimer und einer langen Schnur. Wir gruben und gruben, aber Grundwasser sahen wir nicht. Als die Grube eine Tiefe von ungefähr 2 Metern erreicht hatte, gaben wir auf. Michael und ich standen zwar stolz vor dem Loch und sahen uns die getane Arbeit an, zufrieden waren wir aber nicht. Und nun mußte das Loch wieder zugeschaufelt werden. Weil wir keine Lust dazu hatten, kam uns ein toller Gedanke. Hinten im Gestrüpp lag ein Haufen abgeschnittener Äste, die Herr Kühl, unser Hausmeister, dort hingelegt hatte.

Wir suchten uns die dünnsten Äste aus. Natürlich mußten noch die vorhandenen Sandhaufen ein wenig abgetragen werden. Michael fing an, den Sand zu verteilen, und ich schaufelte ein Viertel der Grube zu. Als wir die Nase voll hatten, legten wir die Äste über die Grubenöffnung. Mit Laub dichtete Michael das Astgeflecht ab, und ich streute vorsichtig Sand darauf. Langsam wurde es dunkel, und wir mußten nach oben. Für den nächsten Tag nahmen wir uns vor, den Rest zuzuschaufeln.

Aber wir kamen nicht mehr dazu. Als ich nach der Schule in den Hof ging, um anzufangen, war alles schon erledigt. Das dicke Ende kam am Abend. Ich war gerade dabei, Schulaufgaben zu machen, als es klingelte. Herr Kühl stand an der Tür und schimpfte laut. Vater beruhigte ihn, dann rief er mich. Folgendes war geschehen: Der Hausmeister hatte u.a. die Aufgabe, öfters den Sandkasten zu harken, damit nicht Glas oder andere scharfe Gegenstände darin herumlagen. Natürlich ahnte er nichts von der Grube, und als er in den Sandkasten stieg, verschwand er samt Hut und Harke in dem Loch. Das löste bei ihm natürlich einen furchtbaren Zorn aus, bei mir Lachen, das wiederum bei meinem Vater die Hand auslöste. Ich bekam Dresche.

Aber als Vater beim Abendbrot der ganzen Familie erzählte, was vorgefallen war, mußten alle schrecklich lachen.

Die Zeit verging, wir Kinder wurden größer, aber das Lachen war in unserer Familie kaum noch zu hören. Vater kam jetzt öfters in der Woche betrunken nach Hause, stritt mit Mutter und schlug sie auch wieder. Für uns Kinder war es immer eine furchtbare Situation, weil wir uns immer alles mit ansehen mußten. Nach jedem Streit sprachen die Eltern über Scheidung, aber es geschah nichts. Warum war mein Vater so? Diese Frage stelle ich mir auch heute noch sehr oft.

Vater wurde 1927 geboren, ich glaube in Mecklenburg. Wie viele andere auch, wurde er früh zum Wehrdienst eingezogen. Mit 17 Jahren kam er zum Fronteinsatz nach Rußland, mit 18 Jahren in Gefangenschaft nach Sibirien. Er hatte bestimmt eine sehr schwere Jugend hinter sich, aber warum trank und schlug er nur so viel? Wir Kinder bekamen kaum Schläge, er schlug immer nur Mutter. Manchmal war es so schlimm, daß Mutter im Nachthemd und ohne

Schuhe aus der Wohnung flüchten mußte. Oft gingen wir Kinder dazwischen oder holten Hilfe. Im ganzen Haus war der Krach zu hören, aber die Nachbarn schienen tief zu schlafen. (Bestimmt hatten sie ihre Ohren an die Wand gedrückt, um ja alles mitzubekommen.) Ich schämte mich, wenn ich Leuten im Treppenhaus begegnete. Auch meinen Freunden gegenüber wurde ich verschlossen, denn unsere Familienangelegenheiten wurden zum Tagesgespräch der Straße. Wenn Feuerwehr oder Polizei mit Blaulicht in die Orberstraße einbogen, dann wußte man schon, zu wem sie fuhr. Natürlich zu Arndts. In der Schule ließen meine Leistungen so nach, daß ich in der vierten Klasse sitzenblieb; für mich ein ungeheurer Schock. In der allgemeinen Beurteilung stand: „Ralf hat sich in seiner Arbeitshaltung weiterhin verschlechtert. In der sorgfältigen und pünktlichen Erledigung der Hausaufgaben war er sehr nachlässig. Ralf hat den Mißerfolg dieses Jahres lediglich seiner Gleichgültigkeit zu verdanken."

Wenn der Lehrer gewußt hätte, was in mir ablief, wäre seine Beurteilung vielleicht nicht so oberflächlich ausgefallen.

Die Freundschaft zwischen Michael und mir flachte ab, er ging seinen Interessen nach, ich den meinen. Langsam wuchsen wir aus dem Kindesalter heraus.

3

Ich lernte neue Freunde kennen: René, Finke, Klunker und Willibald. Sie alle wohnten auch in der Orberstraße. Samstags trafen wir uns nach der Schule mit Fahrrad, Feldflasche und Fahrtenmesser und fuhren in den Grunewald. Dort bauten wir Höhlen, gingen baden und unterhielten uns über Mädchen. Von allen war ich der Kleinste. Klunker wirkte gegen mich wie ein Riese, und er war auch einer. Mit seinen 14 Jahren war er sage und schreibe 1,80 m groß. Was ich am Oberschenkel hatte, hatte er am Oberarm. Manchmal nannten wir ihn auch Elefantenbaby, aber dann mußten wir machen, daß wir weg kamen. Es war dann gut, ihn für ein paar Stunden nicht zu sehen.

Salzbrunner Straße/Ecke Charlottenburger war eine Kneipe mit Namen Butterbeckklausel. Wir gingen oft hin, tranken Cola und spielten Flipper. Der Flipperraum war manchmal so voll, daß man sich anstellen mußte, um beim Flippern dranzukommen. Hier trafen sich Jungen aus der privaten Kantschule, von uns als Idiotenschule bezeichnet, aus der Orberstraße und der Cunostraße. Alles in allem ein bunter Haufen. Ab und zu gab es auch mal eine Schlägerei zwischen Jungen der Kantschule und den Leuten aus der Cunostraße. Ich hielt mich aus allem raus, denn ich war der Jüngste dort. Das Flippern entwickelte sich langsam zum Sport. Es machte einfach irre Spaß, an diesem Apparat zu stehen und mit den Augen den Ball und dem Spiel der Farben zu folgen. Natürlich kostete das auch Geld, und ich konnte nicht immer Mutter fragen. Also suchte ich leere Pfandflaschen zusammen oder besorgte mir Mutters Rabattmarkenhefte. Beides löste ich ein, und schon hatte ich einige Groschen – und damit den Eintrittspreis für meine neue Welt.

Ein Fünfziger in den Schlitz, ein Klacken, und die Kugel konnte ins Abenteuer geschossen werden. Vor mir auf dem Flipper stand ein Aschenbecher mit einer qualmenden Zigarette, auf dem Tisch daneben ein Glas Bier. Aus der Musikbox tönte irgendein Schlager und hinter mir das Lallen der angetrunkenen Leute. Doch das störte mich nicht weiter.

Ab und zu erinnerte mich mein Gewissen daran, daß Mutter mit dem Essen wartete, außerdem waren auch noch die Hausaufgaben zu erledigen. Ich ließ es darauf ankommen. Nach kurzer Zeit war der letzte Fünfziger verspielt, in Leuchtschrift erschien „over again", doch mit again war nichts mehr. Zu Hause mußte ich die Ermahnungen meiner Mutter über mich ergehen lassen, und in der Schule war es nicht anders. Mich nervte es immer, wenn man mich an meine sogenannten Pflichten erinnerte. Du mußt das machen, du mußt so sein. Ich fühlte mich dabei, als ob man mich in eine bestimmte Schablone pressen wollte. Aber ich wollte nicht, wollte einfach nicht.

Sibylle ging es genauso, doch sie fing an, ihr Leben zu leben. Wenn Vater ihr sagte, daß sie um 22 Uhr heimkommen sollte, kam sie einfach erst um 24 Uhr. Oft bekam sie dafür Dresche, und Vater drohte, sie in ein Heim zu stecken. Bei solchen Gelegenheiten schimpfte Mutter dann auch über ihre Röcke, die kaum mehr als ein breiter Gürtel waren und eigentlich nur noch den Popo bedeckten. Und dann trug Sibylle oft eine knallenge, geblümte Hose. Mutter war immer außer sich: „Schämst du dich nicht, herumzulaufen wie eine Nutte! Was werden nur die Nachbarn darüber denken? Sie müssen uns ja für eine liederliche Familie halten." Aber das taten sie auch ohne die enge Hose meiner Schwester, dafür sorgte ja Vater. Eines Abends, es war schon ziemlich spät, kam Sibylle in mein Zimmer. Sie sagte, daß sie mal mit jemandem quatschen möchte, einfach ihr Herz ausschütten.

Sie erzählte mir davon, daß sie fast jeden Tag am Europacenter sei. Dort seien Jungs, die lange Haare hätten, enge Jeans trügen, und alle würden so süß aussehen. Am Wochenende ging sie immer ins „closed eye". Dort spielte man Lieder der Beatles, der Bee Gees und einer Menge anderer Gruppen. Sie redete und redete. Mir fielen fast die Augen zu, doch Schwesterchen schien hellwach zu sein. Aber irgend etwas stimmte nicht mit ihr. Allmählich schien sie einzusehen, daß ich viel zu müde war. Leise schlich sie sich aus dem Zimmer. Beim Herausschleichen sagte sie noch: „Ich werde noch einen Brief schreiben." Brief? Ich glaubte zu spinnen. Vorsichtshalber schaute ich auf die Uhr. Mann, das war ja schon fast Frühstückszeit. Draußen klappte die Haustür, Stimmen waren zu hören. Unsere Eltern kamen gerade vom Sparvereinstreffen nach Hause. Da hatte Sibylle mal wieder Glück gehabt, denn sie mußte wohl auch erst eine Stunde vorher gekommen sein!

Von Tag zu Tag wurde Sibylle rebellischer. Sie schwänzte die Schule und war tagsüber kaum noch zu Hause. Meine andere Schwester hatte schon einen festen Freund, sogar von Hochzeit war die Rede. In dieser Zeit fühlte ich mich sehr einsam, unsere Familie schien auseinanderzubrechen. Mutter und Vater verstanden sich nicht mehr, Sibylle genoß ihr „Frei sein", und Sylvia würde auch bald aus dem Haus gehen, um eine eigene Familie zu gründen. Mit niemandem konnte ich über meine Gefühle und Empfindungen sprechen. Ich wurde immer verschlossener und zog mich in meine Welt zurück, in eine Welt, in der ich die gegenwärtige Realität umtauschte in Träume und Wünsche.

Eines Tages kam Sibylle heulend zur Tür herein. Ich fragte sie, ob was nicht stimmte, aber sie gab mir keine Antwort. Ohne ein Wort zu sagen, ging sie ins Zimmer und schloß ab. Erst am Nachmittag, als Mutter von der Arbeit nach Hause kam, schloß sie wieder auf. Sie öffnete die Tür nur einen Spalt weit und rief Mutter. Ich wurde neugierig. Mutter zog sich etwas verwundert den Mantel aus und ging ins Zimmer. Vergeblich versuchte ich zu lauschen. Nach kurzer Zeit kam sie wieder aus dem Zimmer und war ganz aufgeregt und verstört. Mit einer Schachtel Zigaretten und einem Aschenbecher in der Hand ging sie zu Sibylle zurück. Ich wußte nicht, was ich tun sollte, stiefelte ins Wohnzimmer und schaltete das Fernsehgerät an.

Als Vater kam, tat Mutter ganz geheimnisvoll, sagte, sie wolle ihn sprechen. Wieder durfte ich nicht im Zimmer bleiben, ich mußte raus. Nach ungefähr 10 Minuten kam Vater total sauer herausgestürmt und stürzte sich auf meine Schwester. Mutter versuchte, ihn zu besänftigen, aber zornig wie er war, griff er Sibylle am Arm und schüttelte sie hin und her. Dabei schrie er immer wieder: „Was habe ich gehört! Stimmt das? Bist du schwanger?" Es sah so aus, als wolle Vater auf sie losschlagen. Mutter und ich standen hinter ihm und riefen immer wieder: „Bitte nicht, Vater, bitte nicht!"

Schützend verschränkte Sibylle ihre Arme vor dem Gesicht und versuchte, sich aus Vaters Griff zu befreien. „Du Nutte, dumme Göre, blödes Ding!" schrie er und konnte sich kaum beruhigen. Mir tat das alles innerlich unheimlich weh, ich fing an zu heulen und zu schreien. Von einem Tag zum anderen veränderte sich das Zusammenleben in unserer Familie. Vater wollte Sibylle in ein Heim stecken und nichts mehr von ihr wissen. Mutter mußte alle ihre diplomatischen Fähigkeiten aufbieten, um ihn umzustimmen.

Abends sprachen sie noch einmal mit Sibylle, von Abtreibung war die Rede. Ich hörte einige Wortfetzen: Heißer Rotwein, heißes Bad. Aber die Zusammenhänge verstand ich nicht. Vater sagte immer wieder: „Mensch, du bist erst 16 Jahre alt, du hast noch dein ganzes Leben vor dir, wie willst du das Kind ernähren?" Aber Sibylle sträubte sich. Trotzdem stimmte sie schließlich zu, wohl um endlich Ruhe zu haben. Der Rotwein wurde aufgesetzt und der kupferne Badeofen angeheizt. In einem günstigen Augenblick bat mich Sibylle, für sie den heißen Rotwein zu trinken. Ich fragte, wie wir das anstellen sollten, wenn Mutter oder Vater im Zimmer bleiben würden. Daraufhin antwortete sie nur kurz: „Laß mich nur machen." In Sibylles Zimmer machte ich normalerweise meine Schularbeiten, weil dort ein Schreibtisch stand. Deswegen fand ich auch schnell einen Vorwand, um im Zimmer bleiben zu müssen. Als Mutter gerade mit dem heißen Rotwein hereinkam, schlug ich mir mit der Hand gegen die Stirn, so als ob mir gerade etwas eingefallen sei, und sagte leise, aber deutlich: „Mann, ich habe ja meine Rechenaufgaben vergessen." Dabei legte ich einen gequälten Gesichtsausdruck auf und holte meine Schultasche. In der Zwischenzeit sprach Sibylle mit Mutter, und als ich zurückkam, waren wir alleine. Hastig, aber vorsichtig schlürfte ich den Rotwein aus. Als der Becher leer war, merkte ich zum ersten Mal, wie es ist, betrunken zu sein. Mir wurde ja so schwindelig. Leise schlich ich mich aus dem Zimmer. Was an diesem Abend noch lief, bekam ich nicht mehr mit.

Die Zeit verging und Sibylle blieb schwanger. In den ersten Monaten der Schwangerschaft blieb sie öfters die Nacht über weg, manchmal sogar tagelang. Als sie über eine Woche nicht nach Hause kam, ließ Vater sie schließlich von der Polizei suchen. Sie wurde kurz darauf von der Polizei aufgegriffen und zu uns gebracht. Mann, gab das ein Theater! Nun stand auch Vaters Entschluß endgültig fest, sie in ein Heim für werdende Mütter einzuweisen.

Etwa zur gleichen Zeit löste der Freund meiner anderen Schwester die Verlobung auf. Am liebsten wäre ich weggelaufen. Die Familie stank mir mächtig, aber wo sollte ich hin? Mir blieben meine Freundschaften, der Flipperautomat, die Phantasie, doch es gab niemanden, dem ich meine geheimsten Gedanken anvertrauen konnte. Nichts stimmte mehr, ich fühlte mich nackt, total allein gelassen. Das Gefühl des Geliebtwerdens, der Geborgenheit, des Schutzes war nicht mehr vorhanden. Jeder lebte für sich in seinem Schmerz. Sylvia heulte fast jeden Abend, Sibylle hatte Angst davor, in ein Heim zu kommen. Mutter, die am Anfang ihrer Ehe bestimmt noch Träume gehabt hatte, fühlte sich scheinbar betrogen.

Immer wenn ich ihr ins Gesicht schaute, zeigte es den gleichen Ausdruck: Schmerz. Sie war innerlich verletzt, schwer verwundet. Die Narben dieser Wunden waren auf ihrem Gesicht zu sehen. Vater versuchte, die ganze Situation mit Alkohol zu ersäufen. Wenn ich ihn ansah, entwickelte sich ein ganz neues, unbekanntes Gefühl, das mich in Angst versetzte. Mein Gewissen wehrte sich zwar, aber ich fing an, Vater zu hassen. Für mich war er verantwortlich für die Situation unserer Familie.

In der darauffolgenden Zeit überschlugen sich die Ereignisse. Sibylle kam mit ihrem Sohn Carsten in das Heim am Storkwinkel in Halensee, Sylvia und ihr Freund hatten sich wieder versöhnt und wollten heiraten. Dann passierte ein neues Unglück, das unsere Familie wie ein Keulenschlag traf. Mutter wurde von einem amerikanischen Straßenkreuzer angefahren, Vater war auch dabei. Sie waren auf dem Weg zum Kegeln mit ihrem Sparverein. Bevor sie losgingen, hatten sie gerade wieder Streit miteinander gehabt. Und dann kam der Unfall.

Ich war an diesem Nachmittag nicht zu Hause. Als ich am Spätnachmittag mit dem Fahrrad in unsere Straße einbog, wunderte ich mich, daß Sibylle aus dem Toilettenfenster schaute. Eigentlich hätte sie doch im Heim sein müssen. Kaum war ich vor dem Haus abgestiegen, schrie sie mir mit verweinten Augen entgegen: „Mutter ist überfahren worden, sie wird sterben!" Das ist nicht wahr, das darf nicht wahr sein! schoß es mir durch den Kopf. Ich rannte ins Wohnzimmer. Hier saßen Tante Erika, Onkel Gerhard, mein Opa, Sylvia und noch einige andere. Alle sahen mich mit verweinten Augen an. Ich konnte es nicht ertragen und rannte in mein Zimmer. Schreiend warf ich mich aufs Bett. Nein, es darf nicht wahr sein, nein, nein, nein – meine liebe Mutter!

Vater rief jeden Tag mehrmals im Krankenhaus an. Immer wieder wurde ihm gesagt, daß Mutter noch nicht bei Bewußtsein sei. Bald war eine Woche verstrichen und ihr Zustand immer noch der gleiche. Am neunten Tag eröffnete Vater uns, daß Mutter wahrscheinlich sterben würde. Der Chefarzt hatte eine düstere Prognose gestellt und Vater erzählt, was bei Mutter alles kaputt war. Falls sie jemals wieder zu Bewußtsein käme, würde sie bestimmt gelähmt bleiben.

Was wir fühlten und was in diesem Moment in uns ablief, kann man nicht beschreiben.

Am selben Abend klingelten Nobse und Blacky bei uns. Vor einigen Tagen hatte ich mich mit ihnen verkracht. Später erzählten sie mir, daß sie an diesem Abend vorhatten, mich zu bespucken und die Haustür zu verschmieren. Aber als sie mich heulend in der Tür stehen sahen, fragten sie erschreckt, was los sei.

Am dreizehnten Tag nach dem Unfall rief uns das Krankenhaus an und teilte uns mit, daß Mutter zu Bewußtsein gekommen wäre. Die Krise war überwunden, Mutter würde leben! Erst jetzt durfte ich sie besuchen. In einem Einzelzimmer lag eine Frau, der eine Unmenge von Schläuchen in Nase, Mund, Hals und Armen steckten. Das sollte meine Mutter sein? Wieder mußte ich weinen. Ihr Haar war blutverschmiert, die Augen halb geöffnet. Mühsam sagte sie etwas, doch ich konnte es nicht verstehen. Man mußte ganz nah mit dem Ohr an ihren Mund herangehen, um wenigstens einige Worte mitzubekommen. Aber diese wenigen Worte ließen uns neu Hoffnung schöpfen. Trotzdem durfte sie noch lange nicht nach Hause kommen.

Ich war jetzt öfters wieder mit Nobse und Blacky zusammen. Blacky hatte sich zu Hause eine kleine Bar gebaut und gut bestückt: Kirschlikör, Rotwein und Bier – und natürlich auch Zigaretten. Ich ging abends immer häufiger zu ihm. Wir quatschten über die Schule, über Mädchen und die Beatles. Manchmal fragte ich mich, wieso er stangenweise Zigaretten hatte. Ich konnte mir nicht vorstellen, daß er sie gekauft hatte. Und dann noch der Schnaps. Eines Nachmittags fragte ich ihn nach der Schule, woher er das Geld hätte. Er antwortete kurz: „Ich zahle mit zwei Minuten Angst."

Blacky bot mir an diesem Tag an, mich auf die Klautour mitzunehmen, aber ich wollte nicht. Nach vielem Hin und Her ließ ich mich überreden, denn ich wollte ja kein Feigling sein. Blacky hatte vor, in einem Plattengeschäft bestimmte Platten zu „besorgen". Aus seiner Jackentasche fingerte er einen Zettel hervor, auf dem die Bestellungen standen. Er erzählte mir, daß er das immer so machte. Erst fragte er überall herum, ob jemand Interesse an nagelneuen Schallplatten hätte, natürlich zum halben Preis. Die angeforderten Platten klaute er dann in immer anderen Plattengeschäften. So hatte er sich mit der Zeit einen Kundenkreis aufgebaut, den er durch die Klautouren versorgte. Ein Blick auf den Notizzettel ließ mich ganz schön staunen. Zwei LP's von den Rolling Stones, eine von den Beatles, von den Doors und einigen anderen Gruppen waren da bestellt.

Blacky erklärte mir, was ich zu tun hätte. Ich sollte als erster in den Laden gehen und mir Platten ansehen. Dann wollte er nachkommen – natürlich würden wir uns nicht kennen – und ebenfalls Schallplatten anschauen. Wenn er dann seine „Bestellung" zusammengestellt hatte, sollte ich den Verkäufer ablenken. Mann, ging mir die Muffe! Angstschweiß stand mir auf der Stirn, aber schließlich überwand ich mich. Ich fragte nach irgendeiner Gruppe, die es gar nicht gab. Der Verkäufer war beschäftigt, suchte die genannte Gruppe im Katalog. Hinter mir klappte die Tür, ich drehte mich um und sah Blacky hinausgehen. Kurz darauf machte ich mich auch dünne. Einige Straßen weiter trafen wir uns und freuten uns über den gemeinsamen Erfolg. Er hatte es geschafft, sieben Langspielplatten zu klauen, die ganze Bestellung auf einmal. Diese Sache mußte natürlich begossen werden. Also gingen wir zu ihm und tranken Kirschlikör.

Als Beteiligter bekam ich einige Schachteln Zigaretten, einige Freigetränke und eine Kinokarte. Die Sache begann mir Spaß zu machen. Solange ich nicht selbst klauen mußte, war die ganze Angelegenheit für mich ungefährlich. Trotzdem reizte es mich, es mal auf eigene Rechnung selber zu probieren.

Ein halbes Jahr nach ihrem Unfall kam meine Mutter wieder aus dem Krankenhaus. Sie mußte ganz neu anfangen, laufen zu lernen. Ihre Beinmuskulatur war so geschwächt, daß sie nicht mehr ein Bein vor das andere setzen konnte. Für mich war es aber schon ein Wunder, daß ich sie überhaupt noch hatte. Sie war ja wirklich schwer verletzt worden. Beide Becken waren zertrümmert, das Zwerchfell war zerrissen, das Herz saß nicht mehr an der richtigen Stelle. Dazu kamen noch viele kleinere Sachen. Und jetzt sollte sie wieder nach Hause kommen! Für mich war Weihnachten, Geburtstag und Ferien auf einmal. Als Mutter durch die Haustür kam und mich sah, fing sie furchtbar an zu weinen – vor lauter Glück. Zwar lief sie noch mit Krücken, aber sie lief.

Trotz dieser Freude wurde das Leben in der Familie immer schlimmer. Vater war jetzt ständig betrunken und fing andauernd Streit an. Ich wußte nicht mehr, wie ich ihm begegnen sollte, manchmal hatte ich sogar Angst vor ihm. Mutter versuchte immer wieder, ihn zu überreden, Sibylle mit ihrem Kind nach Hause kommen zu lassen. Schließlich schaffte sie es. Mann, war ich froh, als meine Schwester mit ihrem Koffer und Carsten durch die Haustür kam! Endlich hatte ich wieder jemanden, mit dem ich über alles sprechen konnte. Mit Sibylle konnte ich das wirklich prima. Eines Abends erzählte sie, daß ihre Freundin aus dem Heim sie zu Leuten mitgenommen hatte, die Haschisch rauchten. Nach langem Zögern hatte sie dann auch mitgeraucht. Es wäre ein ganz komisches Gefühl gewesen, sagte sie. Aber wie das Gefühl war, konnte sie mir nicht erklären. Ich erzählte ihr von meinen Erlebnissen, von den Klautouren und daß ich schon Schnaps getrunken hätte.

4

Blacky und ich hatten uns wie immer am Nachmittag verabredet. Ohne etwas zu ahnen, klingelte ich. Hinter der Tür konnte ich einen Mordsradau hören, Ohrfeigen, Schreie und Gepolter. Als ich mich gerade verdrücken wollte, riß Blackys Vater die Tür auf und packte mich am Arm. Mit puterrotem Kopf und klopfendem Herzen stand ich vor ihm. Ich ahnte, worum es ging. Blacky sah ziemlich mitgenommen aus, das Haar hing ihm wirr ins Gesicht und seine Wangen hatten rote Striemen. Auf der Flurgarderobe lagen einige Schachteln Kaugummi, Zigaretten und andere Sachen. Der Vater blickte mich böse an, als er mich fragte, woher ich diese Dinge habe. Blacky wollte etwas sagen, bekam von seinem Vater aber gleich wieder eine geknallt. Mir wurde immer mulmiger. Wieder fragte mich der Vater, woher ich diese Sachen hätte und warum ich sie seinem Sohn geschenkt hätte? Ein riesiger Kloß schnürte mir den Hals zu. (Ich hatte vorher schon verstanden, was Blacky sagen wollte, aber warum sollte ich der Sündenbock sein?) Noch einmal wiederholte der Vater die Frage, diesmal mit einem bedrohlichen Unterton. Leise stammelte ich unverständliche Worte, die ihn aber nicht befriedigten. Schließlich wußte ich nicht mehr weiter und sagte ganz einfach, daß es nicht meine Sachen wären. Nun drehte sich der Vater wieder zu seinem Sohn um, der mich mit einem verwirrten, undefinierbaren Blick anschaute. Ich wurde großzügigerweise entlassen, bekam aber noch eine Drohung mit auf den Weg: „Morgen werde ich mit deinem Vater sprechen." An diesem Nachmittag wurde der Nachhauseweg sehr lang.

Am nächsten Tag trafen Blacky und ich uns nach der Schule. Er war ausgesprochen sauer auf mich, aber was hätte ich sonst tun sollen? Außerdem hatten wir beide jetzt fürchterliche Angst vor dem Gespräch zwischen unseren Vätern. Wir versuchten die Sache gelassen hinzunehmen und rauchten eine „Lux Filter".

Das Gespräch zwischen unseren Vätern kam nie zustande, und die Sache war bald vergessen. Blacky nahm wieder seine Plattenbestellungen auf, und ich machte den Assistenten.

Diese Art von Taschengeldaufbesserung sprach sich bei uns in der Straße schnell herum. Unsere Clique wurde immer größer, und manchmal waren wir zu fünft oder sechst auf Tour.

Aber lange ging das nicht so weiter. Bald schon wurden einige erwischt oder wollten damit nichts mehr zu tun haben. Langsam löste sich die Gruppe auf, nur Blacky machte weiter. Auch ich zog mich von ihm zurück, weil ich Angst hatte, einmal erwischt zu werden.

Zu Hause nahm der Ärger ständig zu. Sylvia wohnte nicht mehr bei uns, und Sibylle war öfters auf Trebe. Carsten vergaß sie oft dabei. Sie nahm wohl an, Mutter würde sich schon um ihn kümmern. So war es dann auch. Die Lehre, die sie begonnen hatte, schmiß sie mit der Begründung, ihr Chef sei ein alter Bock, der ständig hinter ihr her wäre.

Zu dieser Zeit ging es mit unserer Familie immer weiter bergab. Es gab überhaupt nichts mehr, was uns zusammenhielt. Auch ich veränderte mich. Immer wenn eine Belastung auf mich zukam, zog ich mich wie in ein Schneckenhaus zurück. Irgendwie konnte ich alles nicht verkraften. Die geringsten Belastungen überforderten mich. Gleichzeitig beneidete ich immer die anderen Schulkameraden, wenn sie erzählten, was sie mit ihren Eltern am Wochenende gemacht hatten oder wo sie in den Sommerferien zusammen hinfahren würden. Wir fuhren nie zusammen in den Urlaub.

Ab und zu tauchte Sibylle wieder auf, auch sie hatte sich verändert. Wie sie mir erzählte, rauchte sie Haschisch und nahm Rosimontabletten. Haschisch rauchte sie zwar nur manchmal, aber die Tabletten schluckte sie ständig. Öfters fragte mich Sibylle, ob ich ihr aus der Apotheke die Dinger holen könnte. Den Gefallen tat ich ihr dann auch.

Mit der Zeit wurde ich neugierig auf das Gefühl, das diese Tabletten hervorrufen sollten. Eines Tages ergab sich eine günstige Gelegenheit. Meine Eltern besuchten übers Wochenende Bekannte in Westdeutschland. Ich fragte Sibylle ganz zaghaft nach der Wirkung und wieviel ich nehmen müßte. Sie sah mich zwar komisch an, gab mir aber einige Tabletten. An diesem Nachmittag kam noch Nobse mit seinem Freund Schmidti zu uns. Auch sie waren spitz auf das Feeling. Wir legten unser Geld zusammen und holten noch ein Röhrchen „Rosimon neu". Natürlich hatte ich Angst vor dem Neuen, aber die Neugierde war stärker. Ich nahm drei Tabletten. Sibylle, Nobse, Schmidti waren gieriger, sie nahmen mehr. Was ich an diesem Tag alles erlebte, war ganz schön geil. Ich war unwahrscheinlich aufgekratzt, quatschte wie ein Wasserfall und fühlte mich überglücklich.

Überglücklich! Wie lange hatte ich dieses Gefühl nicht mehr gehabt! Dauernd diese Auseinandersetzungen, die Angst vor dem Vater, immer wieder die Unsicherheit, was der nächste Tag oder die nächste

Stunde bringen würde. Aber jetzt spielte das alles keine Rolle mehr, ich war glücklich.

Mein Redefluß war nicht zu bremsen. Schließlich ging ich mit Schmidti auf den Hof, und wir legten uns auf die Wiese. Wir lagen einfach da und starrten in den blauen Himmel. Langsam bekam ich einen riesigen Durst, entweder durch das viele Quatschen oder durch die Tabletten. Mein Mund war völlig ausgetrocknet. Als ich nach oben in die Wohnung ging, um etwas zu trinken, merkte ich, daß Sibylle und Nobse sich ins Schlafzimmer verzogen hatten. Der Gedanke an die beiden machte mich eifersüchtig. Am liebsten wäre ich ins Zimmer gegangen, aber ich traute mich nicht. In der Küche trank ich einige Gläser Brause und ging wieder runter. Was weiter an diesem Nachmittag geschah, weiß ich nicht mehr.

Am Abend kamen dann meine Eltern zurück. Ich hatte natürlich wahnsinnige Angst, sie könnten etwas merken. Meine Pupillen waren ziemlich stark geweitet und ich hatte noch einen total trockenen Mund. Als erstes fragte mich Mutter, ob alles gut gegangen wäre mit dem Essen. Ich fing an zu erzählen und fand kein Ende. Mutter schaute mich dabei ganz genau an. Unsicher fragte sie, ob ich irgend etwas genommen hätte. Ich tat sehr empört über diese Frage und sagte, wie sie nur darauf kommen würde. Mit Sicherheit ahnte sie etwas, aber ich stritt alles ab.

Am liebsten wäre ich nicht schlafen gegangen, denn ich war noch ganz schön aufgekratzt. Aber meine Eltern meinten, es sei Zeit, schlafen zu gehen. Ich war überhaupt nicht müde, und so habe ich noch lange wach gelegen. Wie lange, weiß ich heute nicht mehr, aber es muß sehr lange gewesen sein. Dazu kam noch, daß meine Glücksgefühle ins Gegenteil umschlugen. Ich hätte heulen können.

Und dann kam ein Ereignis, daß einschneidend war für uns alle. Wie oft, wenn Vater nicht pünktlich nach Hause kam, ahnten wir schon, was kommen würde. An diesem Abend tauchte er gegen 20 Uhr auf, ziemlich stark angetrunken. Er ging gleich in die Küche, wo Mutter ihm gerade das Essen wärmte. Er fing sofort an zu streiten. Auf einmal hörte ich ein lautes Krachen, einen Schrei und Hilferufe von Mutter. Ich stürzte in die Küche. Vater hatte die heiße Bratpfanne auf den Boden geschmissen, hielt Mutter am Kragen und schüttelte sie wild hin und her. Ich sah rot, schrie meinen Vater an und drängte mich zwischen Mutter und ihn. Mutter schrie: „Er wollte mich erschießen, er hat eine Pistole!" Voller Entsetzen rannte sie aus der Küche. Ich versuchte, mich Vater entgegenzustellen, damit er Mutter nicht nachrennen könnte. Aber er drängte mich zur Seite, raste die Treppen hinunter und rannte Mutter auf der Straße nach. Sibylle und ich heulend hinterher.

Bei unserem Gemüsehändler am Hohenzollerndamm suchte Mutter Schutz. Wir kannten den Besitzer sehr gut, und er ließ sie in den Laden. Vater mußte draußen bleiben, sonst hätte er wohl Prügel bezogen. Auf der Straße blieben die Leute stehen und sahen sich das Schauspiel an. Mann, war das ein Mist! Am schlimmsten war es für uns Kinder. Ich fühlte mich verwundet, so, als würde ich sterben. Was soll das alles? Wozu das alles? Warum, warum?

An diesem Tag fühlte ich nur noch Haß. Haß auf alles, Haß auf die neugierigen Leute, Haß auf Vater.

Abends gingen wir nicht mehr zurück in die Wohnung. Meine Mutter rief Jürgen, den Mann von Sylvia, an und bat ihn um Hilfe. Schließlich ging er in die Wohnung und holte einige Sachen, die wir dringend brauchten. Mutter war total am Ende, sie zitterte und war völlig verstört. In ihrem Gesicht war deutlich zu sehen, was sie fühlte und dachte: Verzweiflung, Angst, Unsicherheit. Wie sollte es jetzt weitergehen?

Die erste Nacht schliefen wir im Hotel, danach wohnten wir einige Zeit bei Sylvia und Jürgen. Mutter entschloß sich, die Scheidung einzureichen, weil sie keine Chance mehr sah, die Ehe zu kitten. Scheidung nach 22 Jahren! Ihr fiel es schwer, sehr schwer.

Nach einigen Wochen fand Mutter eine Wohnung, in Schöneberg in der Warthburgstraße 41. Eine Zwei-Zimmer-Altbauwohnung mit Ofenheizung und Toilette. Vater versuchte oft, Mutter umzustimmen, wieder zu ihm zurückzukommen, aber ich redete immer auf Mutter ein, sie solle es nicht tun. Ich wollte nicht mehr zurück. Vor meinen Freunden schämte ich mich wegen unserer Familie und besonders wegen Vater. Wenn ich Nobse besuchte, dann immer in der Hoffnung, von der Nachbarschaft nicht gesehen zu werden. In der Schule ging es nicht besser. Ständig fühlte ich mich schuldig, dauernd fühlte ich mich beobachtet – und dann das Verhalten der Lehrer. Alles war so peinlich! Am besten wäre es gewesen, wir wären aus der Stadt weggezogen.

Sibylle hatte weiterhin mit Carsten bei Vater gewohnt, war in der Zwischenzeit aber wieder abgehauen. Ich konnte es ihr nicht verdenken. Was mit Carsten geschehen sollte, wußte keiner so recht. Nach einiger Zeit hörten wir wieder von ihr. Sie wollte nach Augsburg. Ihr neuer Freund kam wohl von dort. Mutter hatte zwar das Sorgerecht für sie, aber schließlich war Sibylle ja schon alt genug, um ihr Leben selbst in die Hand zu nehmen. So zog sie mit Carsten und ihrem Freund nach Augsburg.

Wegen der Scheidung und weil die Schuldfrage geklärt werden mußte, ging Mutter regelmäßig zum Anwalt. Dort wurde auch das Intimste in den Schmutz gezogen, um Anklagepunkte gegen den anderen zu finden. Vaters und Mutters Rechtsanwälte lieferten sich eine heftige Papier- und Paragraphenschlacht. Manchmal fragte ich mich, ob das nicht alles nur Show sei. Aber dadurch konnten sie natürlich noch mehr Knete verdienen. Ob die unsere Not überhaupt berührte? Wir Kinder wurden jedenfalls nicht nach unserer Meinung gefragt. Warum auch. Wir waren diejenigen, die den Mund zu halten hatten und das machen mußten, was die Erwachsenen ihnen sagten.

Inzwischen waren wir in die neue Wohnung eingezogen. Irgendwie war sie schön, allein deswegen, weil Mutter und ich endlich zur Ruhe kamen. Der längere Schulweg war für mich eine große Umstellung, aber das war nicht so schlimm, denn Mutter ging es auch nicht besser.

Anfänglich war alles nicht so einfach für mich: die neue Umgebung, neue Freunde und die Situation überhaupt. Nach der Schule bin ich oft mit meinen alten Freunden umhergezogen. Mutter kam immer erst um 16 Uhr nach Hause, und ich hatte keine Lust, allein zu bleiben. Manchmal war ich bei Nobse, seine Mutter lud mich öfters zum Essen ein, oder ich saß mit Schulkameraden in der Eisdiele am Kölner Platz.

Im Rathaus Schmargendorf war ein Jugendheim, in dem ich viele neue Typen kennenlernte. Mit einem, Volker, begann eine gute Freundschaft. Er wohnte in der Breiten Straße und hatte fünf Geschwister. Seine Schwester Gabi ging in meine Klasse, bis ich sitzen blieb. Oft wurden sie als Asoziale tituliert, weil sie eine große Familie waren und keinen Vater hatten. Ich fand das ziemlich blöde. Volker ging nicht mehr zur Schule und hatte schon eine Menge erlebt. Für ein Jahr oder länger, ich weiß nicht mehr genau, war er zur See gefahren. Nachmittags saßen wir immer öfters in der Kneipe, tranken Bier, quatschten und lachten. An Wochenenden trieben wir es besonders schlimm. Wir trafen uns schon früh, zechten bei Volker zu Hause, und abends gingen wir dann noch in unsere Stammkneipe. Meistens waren wir zu diesem Zeitpunkt schon ganz schön abgefüllt und erzählten nur noch Stuß. Von erzählen konnte man genau genommen schon gar nicht mehr sprechen. Wir lallten.

Irgendwann in der Nacht kam der Zeitpunkt, zu dem ich unbedingt nach Hause mußte. Zu Hause angekommen – meistens wußte ich nicht wie – schlich ich mich möglichst leise in mein Zimmer. Am Morgen kam dann Mutter ins Zimmer und machte mir Vorwürfe, warum ich so viel saufen würde, ob ich etwa so werden wollte wie Vater? Spätestens bei diesem Satz flippte ich regelmäßig aus. Ich wußte zwar nicht genau warum, wollte aber wohl nicht mit Vater verglichen werden. Die Sorgen meiner Mutter waren verständlich. Schließlich war sie lange Zeit mit einem Trinker verheiratet gewesen. Außerdem war ich erst 15 Jahre alt. Sie gab sich viel Mühe, daß ich nicht auf die schiefe Bahn geraten sollte.

Eines Abends klopfte es heftig an der Tür. Mutter schaute durch den Spion: Es war Vater. Sie wurde sehr blaß im Gesicht und machte mir unmißverständliche Zeichen, mich ruhig zu verhalten. Sie hatte panische Angst. Vater war mal wieder angetrunken. Mich packte die Wut, ich konnte mich nicht mehr zurückhalten und schrie durch die Tür, er solle uns in Ruhe lassen. Aber Vater klopfte unaufhörlich weiter, fing an, Radau zu machen, und Mutter ließ ihn schließlich rein. Mit geballten Fäusten und einer Riesenwut stand ich im Flur. Wieder spürte ich den Schmerz in mir, der mich fast zerbrach. Ich haßte Vater immer noch.

Er sah sehr schlecht aus. Abgemagert und hohlwangig, mit hängenden Schultern stand er vor uns. In seinen trüben Augen war deutlich zu lesen, daß auch er verzweifelt war. Was für eine blödsinnige Situation! Er bat Mutter inständig, zu ihm zurückzukommen. Es würde sich alles wieder einrenken. Aber was sollte sich wieder einrenken? Etwa der riesige Scherbenhaufen, der sich im Laufe von 22 Ehejahren angesammelt hatte? Nein, das war unmöglich. Nach einer Weile beklemmender Stille ging Vater. Wieder dieser Schmerz! Der Mann, der doch mein Vater war, ging weg: zerbrochen, enttäuscht, vereinsamt.

Ähnliche Situationen kehrten jetzt immer häufiger wieder. Manchmal kam ein Telegramm, ein Blumenstrauß oder ein Brief und immer mit der gleichen Bitte: Komm doch zurück! Eines Tages kam eine Todesanzeige: „Heute verstarb im Alter von 51 Jahren Herr Richard Arndt." Mutter konnte es kaum fassen, wir heulten beide und machten uns Vorwürfe. Aber noch am selben Abend erfuhren wir, daß Vater gar nicht tot war, sondern die Anzeige im Suff aufgegeben hatte.

Oft war es so, als sei alles bloß ein Alptraum, ein Horrorfilm, ein Psychotrip. Aber es gab nichts zu träumen. Immer wieder holte uns die Realität, die jeden Horrorfilm übertraf, ein, und wir mußten mit ihr fertig werden. Vielleicht war es diese Situation, die mich dazu brachte, immer mehr zu trinken und zu rebellieren.

Ich sah die ganze Erwachsenenwelt wie ein Zerrbild. Es kam mir alles verlogen und nicht nachahmenswert vor. Ich sah nur durch die geschwärzte Brille meiner Enttäuschung. Aber unsere Familie war kein Einzelfall. Viele Schulkameraden hatten ähnliche Probleme, viele hatten überhaupt keine Eltern und keine Familie. Sie waren uneheliche Kinder, lebten von klein auf in Heimen und bekamen ihre Herkunft immer wieder zu spüren. In unserer Klasse war auch ein Junge, der im Heim lebte. Er hieß Uwe und war ein prima Kumpel. Anfänglich hatte ich ihn auch gehänselt und verspottet, aber als ich selbst erleben mußte, wie eine Familie langsam kaputtging, hörte ich damit auf, denn ich spürte am eigenen Körper, was das für innerliche Schmerzen sind.

5

Im April 1968 machte eine Gruppe von sich reden, die nicht mit dem Zustand der Gesellschaft zufrieden war, sie wollte für eine Veränderung sorgen. Die Methode: Terror. Zwei Namen waren dabei zum erstenmal in aller Munde: Andreas Baader und Gudrun Ensslin. Über den Prozeß gegen die beiden Brandstifter schrieb die Journalistin Ulrike Meinhof: „Es ist immer noch besser, ein Kaufhaus anzuzünden, als es zu besitzen."

Bei uns in der Schule machte dieser Spruch die Runde. Manche sagten, es sei Wahnsinn, andere sagten, es wäre richtig, man müßte es den Kapitalisten zeigen. Ich selbst fand das Ganze bekloppt, denn was hatte sich dabei verändert? Nichts! Nur daß dabei hätten Menschen umkommen können; den Schaden zahlten die Versicherungen. Mein Vater sagte einmal zu mir: „Ralf, das Leben ist ein Kampf, du mußt dich mit allen Mitteln durchsetzen können, wenn's sein muß, mit Gewalt."

Ich ging ab und zu ins Kino, sah mir aber nur Action-Filme an: Kriegsfilme, Western, Karate- und Spionagefilme. Hauptsache, es floß viel Blut. Ich selbst war zwar nicht so für Gewalt, wollte aber immer der Held, der Sieger sein. Wenn es mal zu einer Schlägerei kam und ich mich nicht drücken konnte, machte ich mit. Schließlich wollte ich ja nicht als Feigling oder Schwächling dastehen. Aber wenn ich mal einem anderen die Nase blutig geschlagen hatte, tat es mir insgeheim leid. Oft, wenn ich angetrunken in meiner Clique war, fühlte ich mich stark und wurde aggressiv. Wenn ich nichts zum Abreagieren fand, schmiß ich Motorräder um, verbog Autoantennen oder machte anderen Mist. Dabei bekam ich das Sprichwort: „Wer Wind sät, erntet Sturm", öfter, als mir lieb war, am eigenen Körper zu spüren.

Mutter war nicht sehr glücklich über meine Entwicklung. Sie schimpfte immer häufiger und meinte, ich solle endlich zum Friseur gehen. Immer wieder sagte ich ihr, die Zeiten hätten sich eben geändert, und lange Haare seien außerdem modern. Aber sie meinte, ich sähe unmöglich aus, und die Leute würden schon über uns reden. Außerdem hatte sie immer noch Angst, ich würde auf die schiefe Bahn geraten, weil ich doch ohne Vater war, der mich hätte erziehen können.

Ich hatte Mutter sehr lieb und wollte ihr nicht wehtun. Andererseits mußte ich auch meine eigenen Erfahrungen sammeln. Das Leben der Erwachsenen, das ich bis jetzt bei meinen Eltern gesehen hatte, konnte doch nicht alles gewesen sein! Leben zwischen Wohnung, Arbeit, Fernsehen und ab und zu Sparverein. Mutter sagte mir einmal, daß sie jetzt mit ihrem Leben zufrieden sei. Manchmal war ihr die jetzige Situation und Verantwortung zwar zuviel, aber sie konnte eben anfangen, ein neues Leben aufzubauen. Sie brauchte keine Angst mehr zu haben und konnte sich freier entfalten. Natürlich hatte sie Vater auch lieb, aber ihr Leben mit ihm zu teilen war nicht mehr möglich. In den 22 Ehejahren, die sie zusammen verbracht hatten, gab es auch gute Tage. Da sind schöne Erinnerungen und Erlebnisse, da waren gemeinsame Träume, Wünsche.

Oft fragte sich Mutter, warum Vater so geworden ist, woran es wohl gelegen hat. Vater war ein sehr intelligenter und gewitzter Mann. Als er nach dem

Krieg aus der Gefangenschaft entlassen wurde, versuchte er sein Leben neu aufzubauen. Er interessierte sich sehr für Politik und engagierte sich in der SPD. Dann lernte er Mutter kennen, und sie heirateten. 1948 wurde meine älteste Schwester Sylvia geboren. Zu dieser Zeit lebten sie noch im Ostsektor der Stadt. Mutter erzählte mir, daß sie oft in verbotene Versammlungen gingen, Flugblätter schmuggelten und antikommunistische Plakate anklebten. Mehrmals entgingen sie nur knapp einer Verhaftung. Einmal kam Vater mehrere Tage nicht nach Hause. Niemand wußte, wo er abgeblieben war. Eines Abends bekam Mutter dann einen Zettel durch die Tür gesteckt, auf dem stand, sie solle sich keine Sorgen machen, ihr Mann würde leben und bald zurückkommen. Als Vater dann zurückkam, wirkte er verängstigt und verstört. Er erzählte Mutter, daß man von ihm verlange zu spionieren. Man drohte, sich an seine Familie zu halten, wenn er nicht dazu bereit wäre. So begann ein Leben in ständiger Angst. Wiederholt wurde Mutter verfolgt, und ihr wurden Zettel zugesteckt, auf denen stand, daß man sich an die Kinder halten würde, wenn Vater nicht gehorchen würde.

Was im einzelnen noch passierte, erzählte mir Mutter nie. Nur, daß sich Vater von diesem Zeitpunkt an sehr veränderte.

Aus diesem Erlebnis im Ostsektor erklärt sich auch, warum Vater nicht durch die DDR fahren durfte. Sie hätten ihn sofort verhaftet. Mutter erzählte noch, daß er viele Menschen über die damals noch grüne Grenze geschmuggelt hatte. Unter diesen Personen waren auch meine Großeltern und die Schwester meines Vaters.

Durch die Berichte meiner Mutter erhielt ich ein ganz anderes Bild von Vater. Es hatte eine Zeit gegeben, in der er sich eingesetzt hatte, um seine Ideale und Wünsche zu verwirklichen. Aber nun war er enttäuscht, niedergeschlagen und vereinsamt. Trotz allem fühlte ich aber immer noch Haß in meinem Herzen. Ich hatte keinerlei Verständnis für sein jetziges Verhalten. Vielleicht wollte ich auch keins haben.

Mehr und mehr wuchs in mir das Bedürfnis auszubrechen. Aber ich hatte keinen Mut dazu, ich war ein großer Feigling. Vielleicht ist dies der Grund dafür, daß ich anfing, zwei Leben zu leben. Das eine, das meiner Mutter und der Gesellschaft gefiel, ein anderes, das mir gefiel. Es ging mir nur darum, Spaß und Freude zu haben, das Leben in vollen Zügen zu genießen, koste es, was es wolle. Nach und nach kam dieser Lebensstil immer mehr zum Durchbruch, so daß er Mutter nicht verborgen blieb. Sie schimpfte oft auf Nobse oder Volker, sie wären ein schlechter Umgang für mich, und früher sei ich doch ganz anders gewesen. Na klar, früher war ich auch noch ein Kind, aber jetzt wurde ich langsam erwachsen.

Ich machte mir auch Gedanken über das Leben, wie ich's einmal gestalten und was für einen Beruf ich erlernen wollte. Aber ich mußte einsehen, daß viele Gedanken über das Leben nur Träume und Wünsche waren, die nicht der Realität entsprachen. Wenn das Leben so wäre, wie das Fernsehen und die Kinofilme es mir vormachten und ich es mir erträumte, dann wär's doch echt stark. Nie Probleme, immer der strahlende Held, die schönste Braut in den Armen, Geld, dicke Autos. Häufig erinnerte ich mich an meine Wiese, wo ich meine eigene Welt hatte, eine Welt der Ritter und Piraten, in der ich mich wohlgefühlt hatte. Aber leider sah die reale Welt, mit der ich mich nun auseinanderzusetzen hatte, nicht so bunt aus.

Nobse traf ich jetzt wieder öfters. Er besuchte mich

manchmal am Abend. Wir gingen dann in den Park an der Warthburgstraße, setzten uns auf eine Parkbank und quatschten miteinander. Das alte und immer wieder neue Thema: Mädchen. Nobse fragte mich einmal, ob ich schon mit einem Mädchen geschlafen hätte. Mann, war das eine peinliche Frage, peinlich besonders, weil ich diese Frage verneinen mußte. Natürlich kam daraufhin ein hämisches Grinsen, und ich mußte mir anhören, was er schon für Erfahrungen hatte und welche scharfen Bräute er schon abgeschossen hätte. Dann erzählte er mir noch, daß er und Schmidti am Wochenende Shit geraucht hätten. Nach seinen Schilderungen mußte dieses Zeug etwas Faszinierendes an sich haben. Er sagte mir noch, daß es nicht weit von hier, in der Nähe der Blissestraße, eine Diskothek gäbe, wo man dieses Zeug kaufen könnte. Sie hieß „Black Corner". An diesem Abend wollte ich nicht mitgehen, weil ich Angst hatte, aber das sagte ich natürlich nicht. Ich redete irgendetwas von Schularbeiten und vertröstete ihn auf ein anderes Mal.

Das Thema Mädchen war wirklich aktuell für mich. In unserer Parallelklasse war ein klasse Mädchen, die echt stark aussah. Sie hieß Babsi, aber ich war nicht ihr einziger Verehrer, und das war mein großer Kummer. Jeden Tag nahm ich mir vor, sie auf dem Schulhof anzusprechen, aber immer wieder war ich zu feige. Meine Schulkumpels checkten das natürlich und machten sich lustig über mich. Nach der Schule traf ich sie manchmal in der Eisdiele, aber ich bekam keinen Laut heraus. Es war zum Heulen. Ich sah sie nur unentwegt an. Wenn sie zu mir herüberschaute und unsere Blicke sich trafen, bekam ich nur einen roten Kopf.

Als ich Volker von meinem Kummer erzählte, versprach er, für mich etwas zu arrangieren. Er meinte, Babsi ginge an jedem Wochenende zu den Tanzabenden im Jugendheim. Das wäre für mich eine starke Gelegenheit, sie zum Tanzen aufzufordern. Aber der herbeigesehnte Abend endete chaotisch: Ich trank mit Volker eine Flasche Bier nach der anderen, bis ich kaum noch stehen konnte. Außerdem kam ich mir ziemlich blöde vor: Fast alle hatten starke Jeans an und ich 'ne Bügelfaltenhose. Mir war gar nicht wohl in meiner Haut.

Eines Nachmittags ging ich mit Mutter zum Einkaufen zu Edeka. Draußen hing ein Zettel, auf dem stand: „Suchen Schüler oder Student zum Auffüllen der Regale." Mutter meinte, das sei doch eine prima Möglichkeit, mir ein paar Mark zu verdienen. Der Gedanke war nicht schlecht, und außerdem konnte ich von dem verdienten Geld ein paar Jeans, Boots oder mal 'ne starke Scheibe kaufen. Ich fragte den Besitzer, ob ich diesen Job nicht haben könnte. Er betrachtete mich, und da ich nicht den Eindruck machte, beim Heben einer Kiste zusammenzubrechen, gab er mir den Job für 3,– DM die Stunde.

Der erste Traum, den ich mir erfüllte, waren die Jeans. Ich traf mich extra mit Nobse, denn er sollte mich beraten. In einer Boutique probierte ich eine Hose nach der anderen an. Mann, fiel mir der Entschluß schwer! Aber nach langem Hin und Her entschloß ich mich für ein paar Jeans und noch eine schwarze Cordhose. Nobse versprach mir, seine Mutter zu bitten, mir die Hose hauteng abzunähen. Das war 1970 nämlich gerade in. Zu Hause bei Nobse zog ich die schwarze Cordhose an, steckte sie mit Stecknadeln ab und gab sie der Mutter. Sie fragte mich noch mehrmals, ob ich sie nicht zu eng abgesteckt hätte. Aber ich verneinte.

Na ja, nach einer knappen Stunde war die Hose fertig. Es war ein ganz schöner Kampf, in die Hose hineinzukommen. Nobses Mutter schüttelte nur den Kopf, ihr war das zu hoch. In der Hose kam ich mir vor wie in einem Metallmantel, aber es sah stark aus. Nobse gab mir eine Plastiktüte, wo die alte, uncoole Hose reinkam, und wir machten uns auf den Weg zu Schmidti. Mann, fühlte ich mich stolz mit der Hose, ich dachte, mir würden alle Bräute nachschauen.

In der Wiesbadener Straße gab es eine Getränkebude, an der Nobse und ich noch eine Flasche Danziger Goldwasser und Gin holten. Bei Schmidti vor der Wohnung hörten wir schon aus dem Fenster „Ten years after", eine starke Band. Schmidti erschien an der Tür mit einer Flasche in der Hand und glasigen Augen. Nobse und er machten einige Jokes, lachten sich halb kaputt und schwenkten dabei die Flaschen. Sie erzählten mir, daß sie schon lange befreundet seien und sich fast jedes Wochenende träfen. Natürlich wurden diese Wochenenden immer reichlich begossen. Schmidti fragte nach unserem Samstagsbeitrag. Stolz präsentierten wir die beiden Pullen, es versprach, ein fröhliches Treffen zu werden. Um richtig in Stimmung zu kommen, legte Schmidti eine Scheibe von den Stones auf. Gläser wurden geholt und vollgegossen. Nobse sagte „ex", und wir kippten die brennende Flüssigkeit hinunter. Ich mußte mich furchtbar schütteln. Der Gin schoß mir gleich in die Birne. Irgendwann am Abend riß mir dann der Film. Ich wußte später nicht einmal mehr, wie ich nach Hause gekommen war. Nobse erzählte mir dann am nächsten Tag, daß ich totalen Mist gebaut hätte. Ich schwor mir, nie mehr Alkohol anzurühren. Dieser Schwur hielt aber nur bis zum darauffolgenden Wochenende.

Einmal passierte es mir sogar, als wir so eine Art

Klassenfete bei Schmidti feierten, daß ich umfiel wie ein nasser Sack und dabei mit dem Kopf aufschlug. Natürlich war ich total knülle. Die Feuerwehr mußte mich ins Krankenhaus fahren, wo mein Kopf genäht wurde. Am nächsten Morgen war dann eine dicke Lügengeschichte fällig, weil meine Mutter natürlich nach dem „Unfall" fragte.

In der Schule machte diese Geschichte die Runde. Mir war das ganz schön peinlich, vor allen Dingen wegen der Mädchen in unserer Klasse. Ich fragte mich öfters selbst, warum ich immer so viel schluckte. Manchmal passierte es sogar, daß ich im Suff Heulkrämpfe bekam.

Einer meiner Lehrer, Herr Franke, war ein ganz dufter Typ. Oft fand ich ihn zu streng, aber meistens war er wie einKumpel. Er ermahnte mich des öfteren, mich mehr anzustrengen. Ihm würden Dinge zu Ohren kommen, die ihm nicht gefielen. Bei uns auf dem Schulhof herrschte noch striktes Rauchverbot. Wer erwischt wurde, bekam einen Tadel und eine saftige Eintragung ins Klassenbuch. Einige Male stand auch mein Name darin. Mein Interesse an der Schule ließ immer mehr nach, und das merkte auch Herr Franke. Er sagte, ich solle mich mehr anstrengen und bessere Leistungen bringen. Schließlich würde ich ja nicht für die Lehrer, sondern für mich lernen. Für mich war das nur blödes Geschwätz, aber natürlich hatte er recht.

6

Am dritten Oktober 1970 machte eine Schlagzeige in der Morgenpresse bei der Jugend die Runde: „Janis Joplin starb an einer Überdosis Heroin." Im Juni 1968 hatte sie in einem Interview gesagt: „Wenn ich da oben stehe und singe, treibe ich es mit Tausenden von Leuten. Dann gehe ich in mein verdammtes Hotelzimmer – und bin allein."

Im Nachsatz stand: „Janis, die Rock-Queen, die ihre Einsamkeit zwischen den Auftritten mit Alkohol und Drogen zu vergessen suchte." Ich hatte schon einige ihrer Lieder gehört, war aber nicht so begeistert. Mir gefielen andere Bands wie Jethro Tull, Led Zeppelin, Ten years after, Rolling Stones. Angeblich nahmen die Musiker dieser Bands Rauschgift, um „gut drauf zu sein". Nobse hatte mir erzählt, daß er Läden kennen würde, wo dieses Zeug verkauft würde. Einmal hatte er mich ja schon gefragt, ob ich nicht mit ins Black Corner kommen wollte, aber ich hatte Angst. Ich kannte einige in der Schule, die Drogen nahmen. Sie waren die sogenannten Kings, hatten eine urige Matte und ein starkes Auftreten. Insgeheim bewunderte ich diese Typen. Deswegen nahm ich mir auch fest vor, mir auch die Haare richtig lang wachsen zu lassen.

Bei meiner Mutter rief dieser Entschluß nicht gerade Bewunderung hervor. Für sie waren diese Leute, die lange Haare hatten, alles Nichtstuer, lichtscheues Gesindel, reif fürs Arbeitslager. Aber ich sah das etwas anders und sagte ihr meine Meinung. Meine Mutter staunte nicht schlecht. Und es kam, was immer bei solchen Gesprächen kam: „Willst du auf die schiefe Bahn kommen und auch so werden wie diese?" Aber ich ließ mich von dem Vorhaben nicht abbringen. Die Neuigkeit machte natürlich sofort in der Verwandtschaft die Runde, doch das störte mich nicht. Nobse und Schmidti hatten schon eine ganz schöne Peitsche, und ich wollte ihnen in nichts nachstehen.

Eines Tages stand über Blacky was in der Zeitung. Angeblich hatte er in der Wohnung der Eltern einen Typen erschossen. Ich konnte das zuerst nicht glauben. Blacky und jemanden erschossen? Im Bericht hieß es, beide hätten etwas mit Drogenhandel zu tun. Zusätzlich sollte Blacky auch noch mit Waffen gehandelt haben. Beim Betrachten der Waffen und Ausprobieren hatte sich angeblich ein Schuß gelöst.

Die Kugel hatte den anderen genau in den Mund getroffen. Nobse erzählte mir noch einiges mehr, aber es wollte mir nicht in den Kopf. Sicher, Blacky war ein Schlitzohr, das wußte ich. Aber Drogen und Waffenhandel, nein! Mensch, er war doch erst 16 oder 17 Jahre alt. Nobse erzählte mir noch, daß er gleich verhaftet worden war: Unter Mordverdacht! Nobses Eltern und meine Mutter kannten Blacky. Sie sagten: „Siehst du, das haben wir uns doch gleich gedacht, daß der Blacky einmal im Gefängnis landet!" Ich fand die ganze Angelegenheit furchtbar traurig. Wie würde er das alles verkraften? Es muß einem doch ziemlich mies gehen in dem Bewußtsein, jemanden getötet zu haben.

Des öfteren konnte man jetzt in der Zeitung über Razzien in Diskotheken lesen, darunter auch im Black Corner. Massenweise wurde Haschisch und LSD gefunden, manchmal auch Opium. Ich fragte öfters Typen, warum man Drogen nimmt. Meist konnten sie es nicht erklären. Viele sagten, weil's irre gut sei, Alkohol sei eine scheiß Droge, bei Haschisch könne man sich wenigstens unterhalten, und es sei überhaupt nicht schädlich.

Eines Tages, Mutter und ich saßen vor dem Fernseher, klingelte es. Zuerst dachten wir, Vater würde wieder einmal vor der Tür stehen. In letzter Zeit kam er wieder des öfteren. Aber zu unserer Überraschung stand ein dürres Persönchen mit gelber Hautfarbe und traurigen Augen vor uns: Meine Schwester Sibylle. Mutter konnte es kaum fassen und fing erbärmlich an zu weinen. Wir gingen ins Wohnzimmer, und ich betrachtete Sibylle ganz genau. Innerhalb eines Jahres, in dem sie fort war, war sie um Jahre älter geworden. Ihre Armbeugen waren mit gelblich-blauen Stellen übersät. Sie erzählte dann, was so alles passiert war in der Zwischenzeit. In Augsburg hatte sie eine Kommune kennengelernt, in der sie, Carsten und Norbert eingezogen waren. Einige in dieser Wohngemeinschaft waren süchtig und handelten auch mit Drogen. Kurze Zeit später fing sie dann selber an zu fixen. Norbert war daraufhin wieder nach Berlin gegangen.

Mutter war dem Zusammenbruch nahe, sie konnte das Ganze nicht verstehen; ich übrigens auch nicht.

Sibylle brauchte jetzt dringend ein Krankenhaus. Jeder Laie konnte sehen, daß sie eine schwere Gelbsucht hatte, die Leber war sehr angegriffen. Da sie noch nicht volljährig war, konnte Mutter ihr einen Krankenschein besorgen. Noch am selben Tag wurde sie ins Krankenhaus eingewiesen. Die Ärzte sagten, daß sie wohl einige Zeit im Krankenhaus bleiben müßte. Als Norbert von Sibylles Problemen hörte, besuchte er sie. Er fand zwar blöde, was sie gemacht hatte, freute sich aber über das Wiedersehen.

Nach einigen Wochen wurde sie wieder entlassen.

Sie sah jetzt wieder so aus wie meine Schwester und nicht wie ein Totenkopf. Sie zog mit Norbert und einem Freund von ihm zusammen. Eines Tages kamen beide, Sibylle und Norbert, zum Kaffee. Als wir alle gemütlich zusammensaßen, sagte Sibylle, sie wollten heiraten.

Natürlich wollten sie keine große Feier mit dem ganzen blödsinnigen Drumherum haben. Nein, sie wollten nur standesamtlich getraut werden. Als Mutter fragte, was sie denn anziehen wollten, sagte Sibylle T-Shirts und Jeans. Mutter kriegte fast zuviel. Ich wußte, was sie dachte. Was würden die Verwandten nur sagen? Mir war das alles Wurst, irgendwie fand ich T-Shirts und Jeans echt stark.

Als der Tag dann da war, lief alles locker ab. Mutter wollte nicht mit zum Standesamt im Rathaus Schöneberg, sie mußte ja die kleine Feier vorbereiten. Zu allem Überfluß sollte Vater bei Sibylle Trauzeuge sein. Also wurde er auch eingeladen. Ich holte alle vom Standesamt ab und gratulierte ihnen, so wie es sich gehörte. Sibylle und Norbert fanden das wohl urkomisch.

Etwas zaghaft begrüßte ich Vater, ich wußte nicht, wie ich mich ihm gegenüber verhalten sollte. Oben in der Wohnung ging es Mutter wohl ähnlich. Es war gut, daß eine Arbeitskollegin von Mutter auch zur Feier gekommen war. Dadurch wurde die gespannte Situation etwas aufgelockert. Nach dem Mittagessen tranken wir noch ein Glas Sekt, und Norbert lud mich ein, mal bei ihnen vorbeizukommen. Vater sprach auch noch mit mir und bot mir sein Mofa an. Natürlich freute ich mich darüber, aber trotzdem blieb diese dicke Mauer zwischen ihm und mir. Er blieb auch nicht lange, verabschiedete sich bald, bat aber Mutter vorher noch um ein Gespräch unter vier Augen. Sie erzählte mir am Abend, daß er ihr nur noch einmal gesagt hatte, ihm täte alles leid und ob es nicht doch eine Möglichkeit gäbe, wieder zusammenzuleben. Sie gab daraufhin keine Antwort, und Vater verabschiedete sich mit einem Kuß von Mutter.

Tief in mir verspürte ich einen nagenden Schmerz. Dieser Mann war doch mein Vater, und ich verhielt mich so abweisend ihm gegenüber. Aber ich blockte alle Gedanken an ihn ab und machte das Radio an.

Eines Tages ging ich nach der Schule in die Orber Straße, um das versprochene Mofa abzuholen. Ich klingelte, gleichzeitig sah ich wie in einem Film Bilder aus meiner Kindheit vor mir abrollen. In der Wohnung sah es katastrophal aus. Überall standen leere Schnapsflaschen herum. Das Zimmer, in dem ich früher geschlafen hatte, war jetzt eine Rumpelkammer. Vater sah sehr dünn und krank aus. Ich wollte so schnell wie möglich wieder weg und suchte noch eine Ausrede. Es war einfach nicht auszuhalten in dieser Wohnung; nicht allein wegen der Unordnung, sondern auch wegen der vielen Erinnerungen. Vater drückte mich und gab mir die Mofapapiere. Ich war dem Heulen nahe und machte, daß ich wegkam.

Als ich Nobse das nächste Mal traf, erzählte er mir, daß Schmidti und er jetzt an jedem Wochenende Shit rauchen würden. Es wäre ein tolles Feeling und man könnte irre gut ablachen.

Mehr und mehr interessierte mich das Zeug, aber ich hatte höllische Angst davor. Die Zeitungen schrieben in der letzten Zeit sehr viel darüber. Angeblich sollte Shit das Gehirn kaputtmachen, man könnte wahnsinnig davon werden, und andere Horror-Stories wurden geschrieben. Nobse erzählte, Alkohol sei Scheiße und er hätte jetzt den Durchblick. Wir sprachen auch über die Zeitungsartikel und was er dazu meinte. „Alles Lüge", sagte er, „die wollen doch nur, daß man's nicht raucht, weil der Staat nichts daran verdient wie beim Alkohol."

An diesem Abend ging ich zum ersten Mal mit ins Black Corner. Draußen vor dem Eingang standen eine Menge Typen herum. Einer quatschte mich an, ob ich was kaufen wollte. Schnell schüttelte ich den Kopf. Ich fühlte mich total unsicher, es war für mich ein ganz neues Erlebnis. Nobse kannte schon einige Leute von hier. Innen war's sehr dunkel, starke Musik dröhnte mir entgegen. Hier und da liefen Typen und Bräute herum, einige saßen, andere tanzten. Um irgend etwas in der Hand zu haben, nestelte ich mir eine Zigarette aus der Schachtel. Ein Mädchen, das neben mir stand, fragte, als ich mir eine Löte ansteckte, ob ich ihr auch eine geben könnte. Mit der Zeit fühlte ich mich wohl, hörte der Musik zu und beobachtete die Leute. Nobse fragte mich, ob ich nicht mal wieder am Samstag zu Schmidti mitkommen wolle. Na klar, sagte ich, und wir verabredeten uns. Mehr und mehr gefiel mir dieser Lebensstil, den die Typen an den Tag legten. Warum wußte ich auch nicht genau. Ich war aber immer noch unsicher. Deswegen ging ich nur selten ins Black Corner, obwohl mich das Neue wahnsinnig reizte.

Einige Tage später fuhr ich zu Norbert und Sibylle. Sie wohnten in der Roennebergstraße in Steglitz. In einem alten Haus hatten sie eine Kellerwohnung. An diesem Nachmittag waren nur Sibylle und Carsten da, Norbert und Rainer mußten ja noch arbeiten. Zum erstenmal sah ich, wie sie wohnten, und staunte nicht schlecht. Auf dem Fußboden lagen einige Matratzen, die Bett und Sitzfläche zugleich waren, in einer anderen Ecke stand Carstens Bett. Dann gab es noch einen niedrigen Tisch, die Wände waren mit Alufolie beklebt. Neben den Matratzen war noch ein Regal mit Plattenspieler und einer Menge Platten. Sibylle legte eine LP von Pink Floyd auf, wir hörten zu und tranken Kaffee.

Lange hatten wir nicht mehr die Gelegenheit gehabt, miteinander zu sprechen. Sie erzählte mir vieles von dem, was sie so alles erlebt hatte. Wir sprachen über Mutter und Vater, und wie es Vater jetzt ergehen würde. Unsere Eltern waren uns zwar nicht gleichgültig, aber wir wollten unser Leben auch nicht von ihnen bestimmen lassen. Sibylle hatte ihre Vorstellungen vom Leben und ich auch. Nicht nur Geld, Ansehen und Arbeit sollte uns bestimmen. Es gehörte noch etwas anderes dazu.

Sibylle fragte mich auch, ob ich noch mit Nobse zusammen sei. Ich schwärmte ihr stolz von dem Abend im Black Corner vor und daß es dort echt stark wäre. Mit meiner Schwester war es wieder wie früher, ich konnte ihr auch von meinen Gefühlen und geheimsten Wünschen erzählen, auch, daß ich in ein Mädchen aus der Parallelklasse verliebt sei, aber bis jetzt zu feige war, sie anzusprechen. Es war für mich wirklich ein großes Problem. Ich nahm ihr das Versprechen ab, mit niemandem darüber zu sprechen. Bald kam Norbert nach Hause und machten einen sehr geschafften Eindruck. Er begrüßte mich nur kurz mit „Hallo, Schwager". Nicht lange danach kam auch Rainer, Norberts Freund. Auf mich machte dieser Typ einen komischen Eindruck. Er sprach so weich und lief seltsam gefedert. Ich dachte mir, daß der schwul sei und mied jeglichen näheren Kontakt. Aber Norbert und Sibylle schienen gut mit ihm auszukommen. Innerhalb kurzer Zeit verschwanden hintereinander Norbert, Rainer und Sibylle in der Küche. Ich fragte mich, ob ich vielleicht störte, und fühlte mich sehr unwohl. Zuerst kam Sibylle wieder ins Zimmer, dann Norbert. Sibylle druckste hin und her, bis sie mich schließlich fragte, ob es mir etwas ausmachen würde, wenn sie in meiner Gegenwart einen Joint rauchten. Ich tat ganz cool und hatte natürlich nichts dagegen. Außerdem verstand es sich von selbst, daß ich nicht mit Mutter darüber sprechen würde. Als auch Rainer wieder ins Zimmer gekommen war, setzten sie sich auf die Matratze und steckten die Tüte in Brand. Der Rauch stieg zur Zimmerdecke hoch, es roch exotisch, ungefähr wie die Räucherstäbchen. Es dauerte nicht lange, und das Zimmer war verqualmt. Carsten spielte in der Ecke mit seinem Spielzeug, und ich dachte: „Mensch, jetzt wird der Kleine auch noch angetörnt!" Aber Sibylle machte bald das Fenster auf und lüftete.

Zu Hause fragte mich Mutter, wie Sibylle denn wohnen würde. Hätte ich ihr von den Matratzen auf dem Boden erzählt, wäre sie an diesem Abend bestimmt nicht mehr eingeschlafen. Natürlich machte sich Mutter nach all dem, was geschehen war, Sorgen um ihre Kinder. Sie liebte Sibylle ebenso wie mich. Aber gerade diese fürsorgliche Liebe nervte mich furchtbar. Zu Sylvia hatte ich übrigens schon seit einiger Zeit keinen Kontakt mehr.

Für Nobse ging die Schulzeit bald zu Ende, er wollte eine Lehre als Drogist beginnen. Ich hatte noch mehr als zwei Jahre vor mir, aber keine Lust mehr. Doch mit meinem Vorschlag, abzugehen und eine Lehre zu machen, war Mutter ganz und gar nicht einverstanden. Auch Herr Franke meinte, ich solle nicht dumm sein und bis zur zehnten Klasse durchhalten. Später hätte ich dann viel bessere Möglichkeiten. Es leuchtete mir schon ein, aber noch zwei Jahre, o Mann!

An dem Abend, als ich mit Nobse zum ersten Mal im Black Corner war, hatte der mich auch wieder zu Schmidti eingeladen und von ihren Shit-Parties erzählt. Ich bin dann öfters mitgegangen, traute mich aber nicht, Shit zu rauchen. Wenn die beiden auf die gegenüberliegende Wiese gingen, um sich den Joint reinzuziehen, kippte ich einige Gläser Dröhnwasser runter, um auch angetörnt zu werden. Aber oft gab es dann Streit, weil ich angeblich durch den Alkohol aggressiv wurde. Ich fand das zwar nicht, mußte aber zugeben, daß sie ganz anders drauf waren als ich.

An mein erstes Erlebnis mit Shit kann ich mich noch genau erinnern. Die ewigen Streitereien wegen der verschiedenen Feelings hatte ich satt, und außerdem wurde meine Neugierde immer stärker. Die Gelegenheit, Shit zu probieren, bot sich bei meinen Besuchen bei Sibylle. Einmal setzte ich mich einfach mit auf die Matratze. Als ich an der Reihe war, stellte ich mich ziemlich blöde an. Zuerst fiel mir das Ding aus der Hand, weil ich die Art, wie man einen Joint hält, nicht drauf hatte. Und als ich dann noch beim ersten Zug anfing zu husten, war alles zu spät. Bei der zweiten Runde stellte ich mich besser an und nahm einen kräftigen Zug. Nach einiger Zeit stellte sich das Feeling ein. Ich hörte die Musik intensiver und fühlte mich total entspannt. Die anderen fanden es stark, daß ich mitgeraucht hatte. Nun gehörte ich richtig dazu.

Dieses Erlebnis mußte ich unbedingt Nobse berichten und besuchte ihn. Er fand es auch cool und fragte, ob ich ihn nicht das nächste Mal in die Roennebergstraße mitnehmen könnte.

Tatsächlich kam er dann mal mit. Auch ihm gefiel das Ganze, und unsere Besuche häuften sich. Dabei lernten wir noch drei andere Leute kennen: Barbara,

Luise und Detlef. Wenn wir alle zusammen waren, wurde es ein dufter Nachmittag. Zuerst schmissen wir Geld zusammen, und irgend jemand fuhr zur Szene, um Dope zu kaufen. Genauso wie ich hatten die beiden Mädchen nur wenig Geld, weil sie auch noch zur Schule gingen. Eine war sogar auf einem Gymnasium. Trotzdem war immer genug Dope da, und wenn wir alle angetörnt waren, gab es viel zu lachen. Wir zogen über die Spießbürger her, machten uns lustig über sie und meinten, wir wären diejenigen, die wüßten, wo's lang geht.

Nicht viel später rauchte ich dann bei Schmidti zum ersten Mal Marihuana. Nobse hatte es gekauft, angeblich das Beste, was auf dem Markt war. Alle drei waren wir furchtbar neugierig. Nobse baute eine große Tüte, füllte sie prall und gab sie mir zum anrauchen. Wir setzten uns ins Bad und machten das Fenster auf, damit der typische Geruch schneller abziehen konnte. Nobse gab mir Feuer, und ich zog und zog. Nachdem ich die Tüte weitergegeben hatte, wäre ich beinahe in die Badewanne gefallen, so angetörnt war ich. Die anderen waren auch total knülle, und wir hatten erstmal Sendepause.

Mehr und mehr distanzierte ich mich von der Gesellschaft und dem, was sie für erstrebenswert hielt. Mutter fragte mich öfters, was ich immer bei Sibylle machen würde. Ich gab ihr nur ausweichende Antworten, und das merkte sie wohl auch. Sie sagte dann immer: „Ralf, du hast dich so verändert, du bist gar nicht mehr mein lieber Junge."

Auch in der Schule wurde es immer schlimmer. In meinem Halbjahreszeugnis stand: „Das allgemeine Verhalten und Betragen ließ wiederum zu wünschen übrig. Du mußtest häufiger ermahnt werden! Anstatt den Unterricht zu stören, solltest du endlich reger und vor allem fleißiger mitarbeiten. Du setzt deine Fähigkeiten zu wenig ein! Eine Versetzung in die weiterführende 9. Klasse hast du dir bisher nicht verdient."

Diese Beurteilung war deutlich, ich mußte mich anstrengen, wenn ich nicht sitzenbleiben wollte. Mein Lehrer ahnte wohl, was mit mir los war. Aber all diese Verpflichtungen und der Zwang hingen mir zum Hals heraus. Klar, irgend etwas muß man schon leisten, um in der Gesellschaft klarzukommen, aber ich hatte keine Lust dazu.

Eines Tages, in der Roennebergstraße, hatten die meisten Lust, einen Trip zu schmeißen. Ich sträubte mich zwar dagegen, weil ich mich nicht traute, ließ mich schließlich aber doch überreden. Detlef und Nobse fuhren zur Szene. Inzwischen fragte ich Sibylle, ob sie schon mal einen LSD-Trip genommen hätte. Sie sagte ja und erklärte mir so ungefähr, was dabei ablaufen würde.

Als sie endlich zurückkamen, wurden alle ganz aufgeregt. Die Dinger, die sie geholt hatten, hießen „blue bird". Ich fragte ganz naiv, ob man dabei so abfahren könnte, wie der Name vermuten ließ. „Na klar", meinte Detlef ganz überschwenglich, „da hebst du ab." Sibylle sah zu mir rüber und machte eine beschwichtigende Handbewegung: „Wird nicht so schlimm werden."

Wir setzten uns auf die Matratzen, eine Plattenhülle diente als Unterlage, und einige von den Trips wurden mit einer Rasierklinge geteilt. Ich wollte nur einen halben. Zaghaft nahm ich meinen Trip und rauchte danach erst einmal eine Zigarette. Ich schaute auf die Uhr, nach etwa einer halben Stunde sollte die Wirkung eintreten. Vor lauter Aufregung bekam ich total feuchte Handflächen, nervös schaute ich immer wieder auf die Uhr. Barbara, Luise, Rainer und

Nobse lachten andauernd, so daß es mich schon nervte. Norbert hatte einen ganzen eingeworfen, und nun ging es ihm nicht so gut, denn Sibylle und er verdrückten sich in die Küche. Nach und nach verschwand einer nach dem anderen in die Küche, nur Rainer nicht. Warum mußte gerade er hierbleiben? Mir wäre lieber gewesen, wenn er auch gegangen wäre.

Langsam bekam ich einen ganz komischen Geschmack im Mund, so als würde ich an einem Metallstück lecken. Auch meine Empfindungen veränderten sich. Die Musik hörte sich lauter an, mein Herz begann wild zu schlagen, vor meinen Augen verzerrten sich die Bilder, die ich sah. Auf dem Tisch sah ich auf einmal viele Brauseflaschen. Ich machte die Augen zu und wieder auf. Jetzt waren sie weg. Aus Angst traute ich mich nicht, meinen Platz zu verlassen. Rainer hatte das Schwarzlicht angeschaltet, und die Bilder an der Wand erschienen in anderen Farben. Er selbst sah im Gesicht dunkellila aus, und wenn er lachte, leuchteten seine Zähne. Ich fühlte mich immer unsicherer. Das Flimmern vor meinen Augen wurde stärker. Ab und zu schlugen die Bilder, die ich vor mir sah, Wellen.

Endlich kam Nobse zurück, und wir quatschten miteinander. Bei ihm war der Trip auch sehr stark, beide hatten wir das Bedürfnis, nach draußen zu gehen, um frische Luft zu schnappen. Draußen schien noch die Sonne, es war echt schön. Ich beobachtete die Menschen, die an uns vorübergingen; sie kamen mir wie Roboter vor. Langsam wurde ich wieder ruhiger und fühlte mich bald gut. Aber ich nahm mir fest vor, keinen Trip mehr zu schmeißen. Schließlich machte ich mich auf den Weg nach Hause, in der Hoffnung, daß meiner Mutter nichts auffiel. Glücklicherweise war sie gar nicht da. Erleichtert setzte ich mich ins Wohnzimmer und schaute mir noch einen Film an. Hier fühlte ich mich wieder sicher. Nie wieder wollte ich einen Trip nehmen, nie wieder!

Das Erlebnis mit dem LSD-Trip hatte mich wirklich durcheinander gebracht. Meine ganze Gedankenwelt wurde davon beeinflußt. Immer mehr dachte ich in letzter Zeit über Mystik nach, versuchte, das Unendliche und Unsichtbare zu ergründen. Aber diese Gedanken beunruhigten mich, und ich suchte krampfhaft nach anderen Möglichkeiten, mich abzulenken. Ab und zu bastelte ich an dem Mofa von Vater rum, aber ohne Erfolg. Ein Junge aus meiner Parallelklasse brachte einmal eine E-Gitarre mit in die Schule, keine Gibson, aber sie sah nicht schlecht aus. Er wollte sie verkaufen oder gegen etwas anderes tauschen. In meinen Gedanken sah ich mich schon als Gitarristen in einer Band spielen. Ich bot ihm das kaputte Mofa an, er war hell begeistert, und wir machten das Geschäft klar.

Aber was nützt mir eine E-Gitarre ohne Verstärker? Ich überlegte, ob nicht Mutters Musiktruhe dazu geeignet wäre. Stunde um Stunde fummelte ich an den Einsteckbuchsen herum, bis ich es geschafft hatte. Von diesem Tag an häuften sich beim Hauswirt die Beschwerden über mich.

Wenn es mir mal zu langweilig wurde, machte ich auch jetzt noch einen Besuch in der Roennebergstraße. Da waren immer dieselben Typen: Barbara, Luise, Detlef, Rainer, Norbert und Sibylle. Meistens waren sie angetörnt, und man konnte sich nicht mit ihnen unterhalten, nur Sibylle machte eine Ausnahme. Sie fragte mich auch, warum ich nicht mehr so oft kommen würde. Ich sagte ihr die Gründe und erzählte von meinen schlechten Erfahrungen mit der Pille.

Meine Schwester war auch sauer wegen der ständig vollen Bude. Die Leute kamen nur, um sich hier anzutörnen, weil es zu Hause bei ihnen nicht ging. Ich fühlte mich auch schuldig deswegen, schließlich hatte ich Nobse mit angeschleppt. Aber Sibylle nahm es mir nicht übel. Nur mit Norbert stritt sie öfters darüber. Er fand den Trouble nämlich dufte.

An einem Abend kam es zu einer abartigen Situation. Alle hatten Lust, ins Kino zu gehen, aber Sibylle wollte Carsten nicht allein lassen. Da ich kein Geld fürs Kino hatte, machte ich freiwillig den Babysitter. Vorher liefen alberne Gespräche ab, daß man mal 'ne Orgie feiern müßte und so. Seltsamerweise hatte auf einmal Luise auch keine Lust mehr, mit ins Kino zu gehen, sie wollte auch dableiben. Die anderen feixten blöde herum und machten doofe Bemerkungen; ich fand das echt mies.

Dann bekam ich noch mit halbem Ohr mit, daß Luise sich von Barbara eine Antibabypille geben ließ. Ich wußte natürlich, was Sache war. Luise wollte mit mir schlafen. Als die anderen weg waren, fühlte ich mich echt verklemmt. Klar, ich hatte schon eine Menge Pornofilme gesehen, aber trotzdem. Ich wußte nicht, was ich machen sollte. Luises unverhohlene Aufforderung, mit ihr zu schlafen, kam mir doch ein bißchen plötzlich. Beide saßen wir auf den Matratzen, lauschten auf die Musik, keiner traute sich etwas zu sagen. Ich versuchte die erste Annäherung, die ein wenig plump war und prompt mißlang. Schließlich kam Luise das Ganze dann doch wohl zu blöde vor, und sie ging nach Hause. Ich saß da wie ein begossener Pudel und ärgerte mich über mich selbst. An diesem Abend schrieb ich noch einen Zettel für die anderen und legte ihn auf den Tisch: „Carsten schläft fest. Ich bin sehr müde und wollte deswegen nicht mehr warten.

Tschüß bis morgen."

Natürlich lasen die Leute was ganz anderes daraus. Am Nachmittag des nächsten Tages grinsten mich Sibylle und Norbert so komisch an. Ich wurde sauer und sagte, daß nichts gelaufen sei.

7

Wochen später traf uns eine Nachricht, die wir kaum fassen konnten: Luise hatte Selbstmord begangen! Barbara erzählte uns, was passiert war. Luise hatte sie angerufen und schon am Telefon einen seltsamen Eindruck gemacht. Sie sprach davon, daß das Leben keinen Sinn mehr hätte, daß niemand sie verstehen würde, und andere Dinge. Mehrmals entstanden während des Gesprächs längere Pausen. Plötzlich sagte Luise, sie hätte mehrere Röhrchen Schlaftabletten geschluckt. Barbara brach das Gespräch ab und rannte zur Wohnung von Luise. Sie klingelte Sturm, aber niemand öffnete. Durch die Nachbarn alarmierte sie die Feuerwehr, aber die kam schon zu spät. Der Körper war so von den Tabletten verseucht, daß es auch nichts mehr half, den Magen auszupumpen.

Für uns war das ein Schock. Sibylle und Norbert machten gleich Schluß mit den Feten bei ihnen. Wir alle hatten Angst, daß die Polizei nachforschen könnte, wo sich Luise immer aufgehalten hatte und warum sie sich das Leben nahm.

Tagelang wir mir regelrecht übel. Luise war nicht älter als 15 oder 16, und jetzt war sie tot. Immer wieder fragten wir uns, warum sie sich das Leben genommen hatte. Sie war so lebenslustig und fröhlich gewesen. Ein wirklich dufter Typ.

Lange Zeit war nichts mehr in der Roennebergstraße los, ich ging nicht mehr hin. Das Ganze war mir zu sehr an die Nieren gegangen.

Um das schreckliche Erlebnis erst einmal hinter mir zu lassen, traf ich mich wieder mit Volker. Ich erzählte ihm von den Feten in der Roennebergstraße, daß ich ab und zu kiffen würde und auch schon einen Trip geschmissen hätte. Ihn interessierte das alles, denn irgendwann wollte er ebenfalls einen nehmen. Viele seiner Freunde hatten bereits Erfahrungen damit gemacht, anscheinend war es zur Zeit in. Selbst bei uns auf dem Schulhof gab es ein Mädchen, das mit Haschisch dealte. In der Xantener Straße, zwischen Oliver Platz und Brandenburgischer Straße, gab es eine Teestube, wo sich immer ein Haufen Dealer aufhielten. Schon von weitem konnte man sehen, daß da etwas los war. Es gab verschiedene Sorten von Shit: Pakistani, Libernese, Afghane und andere Sachen. Auch bei den Pillen gab es eine Auswahl. Da waren die kalifornischen Acidtrips, Mikros, Löschblattrips und die tibetanischen Knoten. Überall, wo man hinhörte, nahmen Leute Drogen. Es waren noch nicht viele, aber der Konsum breitete sich sehr schnell aus.

Während der Osterferien 1970 sollte in Langelsheim ein riesiges Rockfestival stattfinden. Nobse fragte mich, ob ich nicht mitkommen wolle. Aber das Ganze hatte einen Haken, der Eintritt war nicht umsonst. 20,– DM sollte die Karte kosten. Aber was sind 20,– DM, wenn Ten years after, Can, Man und eine Menge anderer cooler Gruppen spielen. Das eigentliche Problem lag aber an einer anderen Stelle: Mutter würde es mir bestimmt nicht erlauben mitzufahren. Deswegen erzählte ich ihr eine Story und sagte, daß ich gerne drei Tage auf einem Zeltplatz verbringen würde. Natürlich in Berlin. Sie glaubte mir zwar nicht so recht, gab mir aber die Erlaubnis und auch etwas Geld.

Ich rief Nobse an, und wir trafen uns bei Sibylle und Norbert. Die hatten gerade Streit miteinander, weil er sich angeblich um nichts mehr kümmerte. Er würde sich nur noch die Birne vollknallen und alles andere laufen lassen. Wenn ich mich richtig erinnere, drohte sie, mit Carsten wieder nach Augsburg zurückzugehen. Eine miese Situation für alle, aber Norbert war fest entschlossen zu fahren.

Nobse und Schmidti wollten zusammen trampen und ich mit Norbert. Wir fuhren zur Grenze und stellten uns kurz an der Autobahn auf. Mann, hier waren Typen! Die meisten wollten auch zum Festival. Es wurde später und später. Wir hatten uns für 20 Uhr am Braunschweiger Bahnhof verabredet, aber das war schon bald nicht mehr zu schaffen. Nun blieb uns nur noch die Hoffnung, wenigstens am nächsten Morgen um 8 Uhr im Bahnhofsrestaurant zu sein. Das war nämlich der Ausweichtermin, falls wir uns verfehlten.

Endlich hielt eine Ente mit einer jungen Frau am Steuer. Mit der Zeit stellte sich heraus, daß unsere Fahrerin Studentin war und nach Freiburg wollte. Wir unterhielten uns ganz locker. Während des Gespräches holte Norbert ein paar Trips hervor und schluckte einen. Auch mir und der Fahrerin gab er Trips. Obwohl ich mir ja vorgenommen hatte, keine mehr zu nehmen, warf ich einen ein.

Auf dem Rücksitz lag ein Geigenkasten, und ich dachte, sie würde Musik studieren. Aber sie lachte laut auf und meinte, ich solle den Kasten aufmachen. Im Geigenkasten waren einige Schnapsflaschen und eine Flasche Sekt. Der Sekt wurde erst mal probiert.

Wir kamen erst spät in Braunschweig an, ich war halb angetrunken, aber vom Trip merkte ich nichts. Bei den anderen war es genauso, wahrscheinlich hatten wir linke Pillen. Norbert knutschte ständig mit der Braut rum und sagte dann auf einmal, daß er mit ihr weiterfahren würde. Ich versuchte, ihn davon abzuhalten, aber schließlich ließ der Typ mich tatsächlich allein auf dem Bahnhof. Wenigstens gab er mir noch ein paar Mark, damit ich mir noch einen Kaffee kaufen konnte. Und die restlichen Trips drückte er mir mit dem Spruch: „Vielleicht findest du noch einen Doofen", in die Hand. Die ganze Nacht hing ich auf dem Bahnhof rum. Konnte weder schlafen noch etwas essen, schnorrte ab und zu eine Löte und saß mir den Hintern breit. Ich war stocksauer.

Am Morgen, ich war total durchgefroren, ging ich zur Post, um meine Visagebühren zurückzubekommen, immerhin 5,– DM. Es reichte gerade für eine Currywurst mit Pommes und eine Schachtel Zigaretten. Danach schlich ich im Bahnhof umher und suchte die anderen. Als ich sie endlich gefunden hatte, erzählte ich ihnen, daß Norbert mit so einer komischen Braut, die Schnaps im Geigenkasten hatte, abgehauen sei. Die anderen konnten sich vor Lachen kaum halten.

Wir fuhren nach Langelsheim und sahen dort Massen von Leuten, die alle in eine Richtung gingen. Wir brauchten ihnen nur nachzugehen, um zum Konzert zu kommen. Auf einer großen Wiese, umzäunt von Stacheldraht, standen zwei große Zelte, so ähnlich wie bei einem Volksfest die Bierzelte. Als Aufpasser hatten die Veranstalter eine Hamburger Rockergruppe engagiert, die verhindern sollte, daß Leute sich kostenlosen Eintritt verschafften.

Es war schon ein gewaltiger Anblick, diese Massen zu sehen. Nach langem Warten kamen wir dann ins Innere und suchten uns einen Platz links von der Bühne unter dem Zeltdach, denn der Himmel sah nicht gerade freundlich aus. Gegen Nachmittag spielte die erste Gruppe. Ständig gab es Tumulte wegen der Rocker, die Leute zusammenschlugen, weil sie angeblich versucht hatten, umsonst reinzukommen. Es regnete unaufhörlich. Vor der Bühne, wo ein Haufen Freaks saßen, bildete sich langsam ein Sumpf. Ständig hörte man, daß Leute ausflippten. Mit der Zeit war das Rote-Kreuz-Zelt total überfüllt mit ausgeklinkten Typen. Durchs Mikrophon wurde vor einer besonderen Sorte Trips gewarnt, die überdosiert waren. Nachts hörte man ständig Schreie von Leuten, die auf einem Horrortrip waren. Und obwohl dies alles Horror war, faszinierte es mich doch.

Auf der Rückfahrt, wir fuhren übrigens einen Tag eher ab, erlebten Nobse und ich noch einmal eine brenzlige Situation. Der Fahrer, der uns mitnahm, erzählte, daß er ein paar Mädchen laufen hätte. Mit anderen Worten: Er war Zuhälter. Ständig haute er ganz schöne Sprüche raus, tat so, als sei er der tollste Typ. Langsam ging uns der Gesprächsstoff aus. Nobse schlief auf dem Rücksitz ein, und ich war auch nicht mehr der Fiteste. Ab und zu riskierte ich einen Blick zu unserem Helden am Steuer, aber dann fielen mir auch die Augen zu.

Wie lange ich geschlafen habe, weiß ich nicht mehr. Aber als ich aufwachte und nach vorn schaute, sträubten sich mir die Nackenhaare. Wir fuhren direkt auf einen Kartoffelacker zu. Schnell griff ich ins Steuer und konnte den Wagen auf der Straße zum Stehen bringen. Unser Fahrer war fest eingeschlafen. Nach einer Schlafpause fuhren wir weiter und kamen schließlich heil in Berlin an.

Nach den Osterferien ging alles wieder seinen gewohnten Gang. Morgens aufstehen und zur Schule, dann nach Hause. Dieser ewige Trott fing an, mir zu stinken. Das normale Leben machte keinen Spaß mehr. Ich war viel lieber mit den anderen zusammen, um eine Pfeife durchzuziehen und Musik zu hören.

Irgendwann erzählte mir Nobse, daß Blacky aus

dem Gefängnis entlassen worden sei. Auf Bewährung oder so. Er hätte ihn schon gesehen, mit einer urigen Matte, die Haare schwarz gefärbt und vor allen Dingen schon wieder fleißig im Geschäft. Jeden Abend würde er am Park, einer Diskothek am Ku'damm, stehen und mit Haschisch dealen. Im Park spielten sie irre Musik und die Leute wären echt dufte. Eines Abends ging ich auch hin und schaute mir den Laden mal selbst an. Hier war es fast so wie in der Xantener Straße. Nur noch mehr Leute. Auch ein Haufen Amis rannten hier herum, viele aus der Armee. Immer wieder wurde ich angequatscht: „Hey man, have you dope?" Blacky war auch da, er wickelte gerade ein Geschäft ab. Danach sprachen wir einige Worte miteinander. Er wollte sich hier seinen Spanienurlaub verdienen, der ihm nach der langen Knastzeit wohl zustand. Mann, der hatte es echt drauf!

Mehr und mehr lernte ich neue Leute kennen. Ich fühlte mich sehr wohl in der Gesellschaft der Dealer, konnte immer mal mit an ihrem Schilum ziehen. Auch in unserer Klasse gab es Leute, die schon mal gezogen hatten, andere wurden neugierig. Auf dem Schulhof konnte man gleich erkennen, wer zu den Kiffern gehörte, denn die standen meist in einer Ecke zusammen. Es war so, als ob eine neue Zweiklassengesellschaft entstehen würde. Entweder war man einer, der den Durchblick hatte, also Kiffer, oder Nichtkiffer und damit Spießbürger.

Mit den Sommerferien kam die Freiheit. Wie jedes Jahr verreisten Nobses Eltern, und das bedeutete SFB (sturmfreie Bude). Hier liefen die stärksten Feten ab. Mutter erlaubte mir öfters, bei Nobse zu schlafen, und so machten wir häufiger die Nächte durch. Wir nahmen mindestens alle zwei Tage eine Pille, oft sogar jeden Tag. Manchmal gingen wir in den Grunewald, um dort den Trip in der Natur zu erleben. Nobse und ich fuhren richtig auf Natur ab. Hier war alles so harmonisch und friedvoll. Dabei waren wir nicht die einzigen, die Gefallen daran hatten. Der Grunewald entwickelte sich zum allgemeinen Freak-Treffpunkt. Gegen Abend brannten mehrere Lagerfeuer, Bongos und Gitarren waren zu hören: ein echt starkes Erlebnis.

Wenn die Spießbürger vorübergingen, überschütteten sie uns mit Spott und Hohn. Aber sie konnten nichts dafür, sie hatten eben keinen Durchblick. Ihre Gesellschaft und die Werte, die in dieser Gesellschaft galten, waren für mich nichts mehr als eine gigantische Lüge. Ich sah es ja an meiner Mutter! Wie sehr war sie im Leben gestraft worden, und was hatte sie noch für eine Zukunft! Nein, auf solch ein Leben legte ich keinen Wert. Viele Leute, die ich kannte, hatten ganz andere Ziele, nämlich „Love, peace and freedom" (Liebe, Frieden und Freiheit). Sie lebten in der Welt von Woodstock, und ihr Idol war Jimmy Hendrix geworden, ein Idol der Freiheit. Ich persönlich fand ihn gar nicht so groß, ich hatte andere Musik-Idole, zum Beispiel „It's a beautyful day". Eine wahnsinnig starke Gruppe. In einem ihrer Texte heißt es: „Ein weißer Vogel sitzt in einem goldenen Käfig, gefangen, nicht frei. Weißer Vogel, du mußt fliegen, mach dich frei!"

Mit diesem Lied war alles gesagt, was ich fühlte und wollte: frei sein. Weder meine Mutter noch mein Schwager Jürgen, der Mann von Sylvia, konnten mich verstehen.

Eines Morgens kam ich zu Nobse, und er erzählte mir, daß Blacky in die Wohnung kommen wollte, um Shit zu pressen. Ich fragte Nobse, ob er wahnsinnig wäre. Falls die Polizei das nämlich spitzkriegen würde, müßten wir alle ab in die Kiste. Aber das Angebot war für Nobse zu verlockend. Als „Miete" für die Wohnung sollte er ein dickes Stück Shit bekommen. Am frühen Nachmittag kam dann Blacky und brachte noch so'n Typ mit, der Jagger hieß. Sie hatten einen Haufen Plastiktüten dabei und waren ziemlich nervös.

Für mich war es echt interessant, mal zu sehen, wie so etwas gemacht wird. Die beiden hatten eine miese Sache drauf und wollten den Shit strecken, panschen. Eine Platte Shit wurde kleingebröselt und in eine große Schüssel getan. Dann fing Blacky an, eine komische Masse zu brauen: das Bindemittel. Der reine Shit wurde mit viel Mehl und anderem Mist verlängert. Danach wurde die gebraute Masse dazugegossen. Jetzt kam unsere Arbeit. Wir mußten das Zeug so lange kneten, bis es eine bröselige Masse wurde. Das Ganze nannten sie dann „Roter Libernese". Der andere Typ, Jagger, hatte in der Zwischenzeit ovale Leinensäckchen genäht, in denen jeweils eine bestimmte Menge des „Roten Libernesen" hineinkam, danach wurden die Säckchen zwischen zwei Holzbrettern gepreßt. Zum Schluß wurde eine Waage geholt und nachgewogen. Ich fragte mal ganz nebenbei, was sie da alles reingemengt hatten. Die Antwort hat mich fast umgehauen: Farbpulver, gemahlene Bohnen, Honig und ein paar Gewürze, also eine echte Schweinerei. Wer weiß, was ich schon für einen Mist geraucht hatte!

Nach den Ferien kam Schmidti in unsere Klasse. Das war natürlich die Krönung des letzten Schuljahres. Er war vorher eine Zeitlang auf einer Privatschule am Rüdesheimer Platz gewesen. Irgendwann kamen wir auf die Idee, mal bei uns in der Schule nachzufragen, ob es nicht möglich sei, daß er an der

Hauptschule seinen Abschluß machte. Wir gingen gemeinsam zu Herrn Franke, sprachen mit ihm, und so klappte es.

Manchmal hat Herr Franke bestimmt bereut, ihn in der Klasse zu haben. Oft mußten Schmidti und ich ermahnt werden. Wir waren eigentlich ständig albern. Einmal, in einer ganz gespannten Situation – Herr Franke war schon sauer wegen unserer Klasse, weil es dauernd Beschwerden von anderen Lehrern hagelte – wollte er ein Gedicht vorlesen. Es hieß „Die Mücke". Ich mußte mir krampfhaft das Lachen verkneifen. Schmidtis Augen fingen auch schon an zu tränen. Herr Franke bekam das mit, unterbrach seinen Vortrag und schaute total böse auf Schmidti. Und dieser Freak konnte einfach nicht aufhören zu lachen. Ich konnte nicht mehr, mein Kopf war puterrot, und dann schaute dieser Depp von Schmidti auch noch zu mir rüber. Jetzt war alles zu spät. Ohne Kommentar wurde das Klassenbuch aufgeschlagen und fein säuberlich eine Eintragung gemacht. Und Schmidti wurde erst mal rausgeschmissen. Nach dem Unterricht entschuldigten wir uns bei Herrn Franke.

Etwa zur gleichen Zeit rückte die Frage nach einer Lehrstelle in den Vordergrund. Mutter meinte andauernd, ich müßte mich jetzt schon irgendwo bewerben. Ich empfand das als einen unwahrscheinlichen Druck, mich entscheiden zu müssen. Außerdem wußte ich wirklich noch nicht, was ich wollte. Klar, Träume hatte ich genug, aber als dieser Typ von der Berufsberatung in die Schule kam, konnte ich die glatt vergessen.

Ich distanzierte mich ein wenig von allen, die törnten und Trips schmissen. Irgend etwas lief in mir ab, das ich nicht mehr richtig kontrollieren konnte. Ich war innerlich zerrissen und fühlte mich elend, hatte keinen Durchblick mehr.

Sibylle war inzwischen wieder nach Augsburg zurückgegangen; Norbert wohnte weiterhin mit Rainer in der Roennebergstraße, und Detlef machte seine Lehre als Kunstschmied weiter. Was Barbara machte, wußte ich nicht, aber nach der Sache mit Luise hatte sie auch von allem die Schnauze voll. Blacky fuhr irgendwann wieder in den Knast ein, sein Kumpel Jagger wurde bei einem Festival verhaftet, als er nackt auf der Bühne tanzte. Bei seinen Sachen fand die Polizei eine Menge Heroin.

Auch bei Schmidti änderte sich einiges. Nachdem er einige Zeit nicht mehr in die Schule gekommen war, ging ich bei ihm vorbei. Er erzählte mir, er sei ständig deprimiert und würde andauernd komische Sachen denken. Nie mehr wollte er eine Pfeife oder einen Joint durchziehen, auch von Nobse wollte er vorläufig nichts mehr wissen. Überhaupt gingen ihm alle Leute auf den Keks. Damit meinte er auch mich. Später vertraute er mir an, daß er bei einer Nervenärztin in Behandlung sei.

8

Nach den Sommerferien fand Mutter eine neue Wohnung in Spandau. Zweieinhalb Zimmer mit Bad und Zentralheizung. Echt dufte. Ich durfte mir mein Zimmer selbst wählen und nahm das zweitgrößte. Für Mutter war diese Wohnung sehr günstig, nicht nur wegen des günstigen Preises, sondern auch weil sie von hier aus zu Fuß zur Arbeit gehen konnte. Ich mußte jetzt zwar zur Schule eine Stunde lang fahren, aber das war egal. Wir sprachen mit Herrn Franke, ob es möglich wäre, mich für eine Woche vom Unterricht zu befreien, um die Wohnung zu renovieren. Herr Franke willigte ein, und so legte ich los. Von meinem Opa, er war Malermeister, kannte ich einige Tricks. Außerdem hatte ich mir schon Geld verdient, wenn ich für andere Leute die Wohnungen renoviert hatte. Mutter war wirklich lieb und überließ mir die Auswahl der Tapeten für mein Zimmer.

Ich lebte mich bald gut ein und gewöhnte mich auch an den weiten Schulweg. Zur Einweihungsfete kam nur Schmidti. Mutter gab einen aus für uns, und ich holte eine Flasche Wodka. Er erzählte, daß er schon lange keinen Shit mehr geraucht hatte und nur ab und zu einen trank. Mutter machte sich ein wenig Sorgen, daß wir Wodka tranken. Sie staunte nicht schlecht, als sie am nächsten Morgen die leere Flasche sah. Als Schmidti nach dem Frühstück nach Hause fuhr, machte sie mir noch Vorhaltungen. Wir wären doch noch viel zu jung, um solche Mengen zu vertragen. Wenn sie gewußt hätte, was ich schon alles getrunken hatte, wäre sie wohl verzweifelt.

Bald telefonierte ich wieder mit Nobse. Ich war erstaunt, als ich hörte, daß Blacky wieder draußen war. Er hatte jetzt eine feste Freundin, Renate, und wohnte mit ihr bei ihrer Tante zur Untermiete am Botanischen Garten in der Manteuffelstraße. Nobse war schon ab und zu dagewesen, er meinte das wäre echt cool dort. Blacky dealte auch nicht mehr. Es schien, als wolle er ein neues Leben beginnen. Seine Freundin arbeitete in einem Friseurgeschäft, und er hielt die Wohnung in Schuß. Blacky hätte auch aufgehört zu fixen, aber mir war überhaupt völlig neu, daß er gedrückt hatte. Ich hatte Lust, mal dort vorbeizugehen, und verabredete mich mit Nobse zum nächsten Wochenende.

Es war wirklich stark dort, mit Blacky wurde ich gleich wieder warm. Zunächst wurden die alten Erinnerungen wieder aufgefrischt. Wir mußten alle total ablachen, als Blacky die Sache mit dem Schallplattenklau erzählte und wie ich damals wie ein begossener Pudel im Flur gestanden hatte. Renate war auch ein dufter Typ und paßte gut zu ihm. Mir gefiel sie auch sehr gut. Blacky schlug schließlich vor, ein Schili durchzuziehen. Ich traute meinen Augen nicht, als ich sah, welche Menge Shit er kleinbröselte. Nachdem er das Schili gefüllt hatte, holte „Mausipausi" – das war der Spitzname für Renate – ein feuchtes Tuch, das um das Mundstück gewickelt wurde, um den heißen Rauch abzukühlen. An diesem Abend war ich so knülle wie noch nie in meinem Leben.

Wir trafen uns immer häufiger hier, schmissen Trips zusammen und gingen öfters zum Club I am Kurfürstendamm. Dort spielten sie starke Musik, und ich hatte Gelegenheit, mehr und mehr die Unterwelt kennenzulernen. Blacky zeigte mir Leute, bei denen man günstig Shit kaufen konnte, und ich fühlte mich wie ein King.

Auch in diesem Milieu gab es eine Art Rangordnung, ähnlich der in der normalen Gesellschaft, aber mit anderen Normen. Wer ein Schili dufte anrauchen konnte, galt als erfahrener Kiffer und wurde gelobt: „Stark, Alter, echt cool." Aber wenn man dabei husten mußte, hatte man keine Ahnung.

Endlich entschloß ich mich auch wegen eines Berufes. Ich wollte etwas Positives machen und Krankenpfleger werden. In der Zeitung fand ich eine Annonce vom St. Joseph-Krankenhaus in Tempelhof. Ich bewarb mich dort und wurde auch angenommen. Mutter meinte, jetzt würde ich endlich doch vernünftig und etwas aus meinem Leben machen. Schmidti wollte übrigens Künstler werden und begann eine Lehre als Porzellanmaler, um später auf der Kunsthochschule studieren zu können.

Es war schon ein komisches Gefühl, als die Schule vorbei war, aber die meisten waren heilfroh darüber. Endlich Geld verdienen, sich was leisten können! Wir sprachen in unserer Clique oft darüber, daß man aber nicht viel brauchte, um glücklich zu sein. Blacky meinte, etwas brauche man doch, nämlich ein dickes Stück Shit.

Ich leistete mir gleich zu Anfang meiner Lehrzeit ein starkes Stück: Ich kam zu spät. Mann, war mir das peinlich! Unsere Schulschwester war eine Frau aus irgendeinem katholischen Orden. In der Klasse saßen verschiedene Typen, die ich sofort, wie ich es neuerdings draufhatte, nach Arten einteilte. Für mich gab es die Spießer und Schleimer, die Intellektuellen und Streber und die Freaks. Und alle diese Arten waren in der Klasse vertreten. Einige fielen mir gleich auf, ihre Art und Weise verriet mir, daß es bestimmt Kiffer waren. Viele kannten sich schon untereinander und bildeten Grüppchen, und siehe da – so wie ich sie für mich eingeteilt hatte, so gesellten sie sich zueinander. Ich zählte mich zu der Gruppe der Freaks und ging zu ihnen.

In der ersten Zeit hatten wir ausschließlich Schulunterricht. Ein Schultag dauerte acht Stunden. Was mich echt noch mehr nervte, war der weite Anfahrweg, Spandau – Tempelhof, Tempelhof – Spandau. Ich hörte davon, daß das Krankenhaus auch Zimmer im Schwesternheim vermietete. Viele andere nutzten dieses Angebot und zogen ein. Teuer war die Sache auch nicht. 30,– DM im Monat. Ich sprach mit der Schulschwester, und die Sache war gelaufen. Für Mutter war es nicht so schön, weil sie dann alleine in der großen Wohnung leben mußte, aber es war die beste Lösung für mich.

Im Schwesternheim ging es dann hoch her. Auch hier gluckten die Freaks ständig zusammen, kifften, soffen, schmissen Trips. Manchmal törnten wir uns auch mit Schlaftabletten an, denn davon gab es ja genug im Krankenhaus. Immer wieder machten wir die Nächte durch, und im Unterricht guckten wir dann müde aus der Wäsche. Lange blieb unser Lebenswandel nicht verborgen. Andere beschwerten sich über die laute Musik und über unser freches Benehmen ihnen gegenüber. Alle Beteiligten mußten dann zur Schulschwester, und wir bekamen eine Verwarnung. Sie drohte uns gleich mit Rausschmiß. Also versuchten wir, uns Mühe zu geben und ruhiger zu sein. Aber bald fingen die Feten wieder an. Asja schleppte ständig neue Typen an, so daß keiner mehr einen Durchblick hatte, wer zum Wohnheim gehörte und wer nicht.

Fast jede Nacht schmiß ich einen Trip oder war anderweitig knülle. Nobse besuchte mich eines Tages, und dann wurde auch er ständiger Gast im Wohnheim.

Schließlich kam die Zeit, in der wir auf die Stationen verteilt wurden. Ich wurde der Chirurgischen Frauen-Station zugewiesen. Hier sah ich zum ersten Mal eine Leiche. Das war ein Horror. Ich hatte nicht damit gerechnet, daß es so schlimm ist, mit dem Tod konfrontiert zu werden.

Mehr und mehr schlaffte ich ab. Die Feten und der seelische Druck auf der Station machten mich langsam mürbe. Durch das ständige Einwerfen von LSD machten sich außerdem Dinge bemerkbar, die ich vorher nicht gekannt hatte: Verfolgungsvorstellungen.

Zuerst nahm ich sie nicht ernst und ignorierte sie. Aber dann traten sie immer häufiger auf. Wieder nahm ich mir vor, keinen Trip mehr einzuwerfen.

Ich kam auf ein völlig neues Feeling: Schlaftabletten und Alkohol oder Shit und Schlaftabletten. Die Konsequenz: meine Stationsschwester schmiß mich von der Station, weil ich ständig verschlief. Dann kam ich auf eine andere Station, von deren Stationsschwester man sagte, sie sei ein Drachen. Die forderte mich dann auch gleich auf, mir die Haare abschneiden zu lassen. Ich ging aber nicht zum Friseur, sondern band meine Haare zu einem Pferdeschwanz zusammen und steckte ihn hinten in meinen Kittel. Als sie das sah, nannte sie mich einen alten Affen. Aber das störte mich nicht im geringsten, ich wußte ja, von wem es kam.

Auch von dieser Station wurde ich bald verwiesen, als rauskam, daß ich Drogen nahm. Einige Tage später wurde ich zum Direktor zitiert. Der erklärte mir gleich, daß das Krankenhaus für mich keine weitere Verwendung hätte und ich doch selbst kündigen sollte, was ich dann auch tat. Wie sollte ich aber Mutter die Kündigung erklären? Daß Drogenkonsum der Grund war, konnte ich auf keinen Fall sagen. Also log ich sie an und behauptete, ich würde den psychischen Druck nicht aushalten. Ich fühlte mich überhaupt nicht wohl bei der ganzen Sache. Immer mehr verstrickte ich mich in Lügen, manchmal wußte ich selbst nicht mehr, was Wahrheit und was Lüge war. Ich kam mir vor, als ob ich in einen zerbrochenen Spiegel sehen würde, aus dessen tausend kleinen Splittern mir mein eigenes, fremdes, fratzenhaft zerrissenes Bild entgegenschaute. Ich wußte nicht mehr, für was ich mich entscheiden sollte. Auf der einen Seite versuchte ich, mit der Gesellschaft klarzukommen, auf der anderen etwas Neues zu finden. In der Mitte stand ich und wurde auseinandergezerrt.

Nach der kurzen Episode im Krankenhaus traf ich bald eine Entscheidung, die auf Jahre hinaus mein Leben bestimmen sollte: Ich stieg ganz bewußt aus den bestehenden Gesellschaftsnormen aus und wußte auch um die Konsequenzen.

Das Ganze lief so ab: Nobse und ich saßen eines Abends gegenüber der Szene in einem Schnellimbiß. Wir schleckten Eis und schauten uns dabei die Geschäftigkeit auf der anderen Seite der Straße an. In diese Gesellschaft dort drüben wollten wir richtig einsteigen, mit allem, was dazugehörte. Am Abend nahmen wir noch eine Pille und fuhren dann zu mir nach Hause. Mutter war zur Kur, und so konnten wir ungestört rumflippen. Wir hörten uns eine Scheibe von Alice Cooper an und steigerten uns noch mehr in unseren Traum hinein. Nobse meinte, wir würden uns jetzt schon über längere Zeit kennen, und das wäre echt stark. Wir zündeten eine Kerze an, machten das helle Licht aus und waren fest entschlossen, einen Pakt miteinander zu schließen. Eine Art Vertrag wurde aufgesetzt, der besagte, daß uns nichts trennen könnte. Diesen Vertrag unterschrieben wir mit unserem Blut, ganz feierlich, richtig mystisch und unheimlich.

Am nächsten Morgen, als ich diesen Vertrag sah, erinnerte ich mich wieder an die Sache. Nun kam mir das Ganze doch ziemlich verrückt vor, und ich zerriß das Ding. Trotzdem blieb der Entschluß, ganz aus der Gesellschaft auszusteigen und in die Szene einzusteigen.

Blacky war derjenige, der am meisten vom Shitgeschäft verstand. Als wir das nächste Mal bei ihm waren, fragten wir ihn, wie wir ins Geschäft kommen könnten. Er gab uns einige Tips, wollte aber mit der ganzen Sache nichts zu tun haben, er hatte ja noch Bewährung. Fürs erste brauchten wir ein kleines Startkapital. Also legten Nobse und ich zusammen, was wir hatten. Vor dem Club I sprachen wir dann einige Leute an, von denen wir wußten, daß sie dealten. Wir fragten nach der Sorte, die sie anzubieten hatten, und nach dem Preis. Andere bekamen das auch mit und machten uns einen coolen Preis. So fingen wir an mit der Shitdealerei, doch mit Verdienen war nicht viel drin. Erst einmal waren wir selbst unsere besten Kunden, und zum zweiten kamen ständig Razzien, und wir mußten das Dope fortschmeißen, um nicht dabei zu sein, wenn ein Wagen in Richtung Gothaerstraße fuhr, zum Gefängnis.

Irgendwie klappte alles nicht so richtig, und Blacky machte sich lustig über uns. Zu unserem Treffen bei Renates Tante stießen zwei Neue: Jens und Annette. Blacky kannte sie schon etwas länger. Die Tage, an denen wir uns schon nachmittags trafen, wurden immer häufiger.

Um die Stimmung zu heben, ließen wir die Jalousien herunter, machten Musik an, und dann wurde getörnt. Öfters gab es Streit wegen des Dopes, weil

Blacky immer den größten Teil gab, und damit war er natürlich nicht einverstanden. Die Streitereien waren aber schnell vergessen, wenn erst mal wieder das Schili rauchte.

Es gab jetzt eine neue Rauchart, genannt „Ärmel". Das Schilum wurde dabei wie gewohnt angeraucht, dann nahm man eine Lederjacke, steckte das Mundstück in den Ärmel und zog sich die Jacke über den Kopf. Ein anderer legte ein Tuch über die Öffnung des Schilis und blies kräftig rein. Nicht lange danach kam dann derjenige, der die Lederjacke über seinem Kopf hatte, heraus. Das war die extremste Art, Shit zu rauchen, die ich jemals kennenlernte.

Wenn wir dann knülle waren, redeten wir viel miteinander. Wir sprachen über das Leben und darüber, was wir eigentlich sind und ob wir auf dem richtigen Trip wären. Irgend jemand sagte mal, daß wir vielleicht nur ein Gedanke seien und daß es mehr geben könnte als das, was wir mit unseren Augen sehen. Jens wollte ganz aus der Stadt raus – aufs Land – und einen Bauernhof mieten. In der Stadt würde man zwischen Beton und Autos kaputtgehen. So wünschte sich jeder auf seine Art sein persönliches Stück Freiheit, von dem er träumen konnte. Aber wie sollten wir diese Träume verwirklichen? Für uns war es schon ein Stück Freiheit, nicht mitzulaufen im Zeitgetriebe. Oft saßen wir da und sprachen über den Tod. Jens meinte eines Abends, wir sollten alle Selbstmord machen, dann wär's wenigstens überstanden. Annette, seine Freundin, fragte ihn, ob er übergeschnappt sei. Die anderen nahmen das Ganze sehr spaßig auf, aber wenn ich ihn mir ansah, glaubte ich ihm, daß das nicht nur ein Spruch war. In seinen Augen spiegelte sich so etwas wie Resignation und eine tiefe Sehnsucht.

Die Tante von Renate, wir nannten sie schlicht Irmchen, wußte, daß wir kifften. Blacky bot ihr einmal einen Zug aus der Pfeife an, und sie nahm tatsächlich die Tüte und rauchte ein paar zaghafte Züge. Das fanden wir alle unheimlich stark. Für uns war es von großer Bedeutung. Wir empfanden das als eine Art Brücke zwischen den Generationen und achteten sie deswegen.

Nach dem Gesetz waren ja alle Kiffer Kriminelle, und zwar deswegen, weil Erwerb und Besitz von Shit unter das Betäubungsmittelgesetz fällt und außerdem in Tateinheit mit Steuerhehlerei steht. Oder anders ausgedrückt: der Staat ist dagegen, weil er nichts dran verdient. Außerdem beauftragte die Regierung Wissenschaftler damit, Drogen und dabei besonders „Cannabis" oder Shit auf ihre Gefährlichkeit hin zu untersuchen. Kurze Zeit später konnte man dann lesen (ungefährer Wortlaut): „Das Rauchen von Haschisch führt zum sogenannten Kifferwahn, es macht süchtig, und die Gesundheit wird gefährdet." Manches konnte man natürlich nicht einfach ignorieren, aber die meisten Aussagen entsprachen nicht ganz der Wirklichkeit. Ich hatte noch nie einen „Wahnsinnsausbruch" oder gesundheitliche Schäden nach dem Kiffen gehabt, jedenfalls bis zu diesem Zeitpunkt noch nicht. Bei den Trips war es schon etwas anderes. Ich wußte, daß bei jedem Trip ein Haufen Gehirnzellen kaputtgehen und daß jeder Trip eine Art Russisches Roulett ist, ein Spiel mit dem Wahnsinn. Am „Park", später hieß der Laden „Takt", sah ich öfters einen Typ, den sie König nannten. Er rannte immer mit einem purpurroten Mantel herum, in der einen Hand hielt er eine goldenfarbene Kugel, in der anderen Hand ein Zepter. Auf dem Kopf trug er eine Krone. Daß er einen sitzen hatte, konnte man schon von weitem sehen. Er war angeblich der erste

Drogenwahnsinnige in Berlin. Am Anfang kreuzte ich die Tage im Kalender an, an denen ich eine Pille nahm. Später gab ich die Buchführung auf. Jeder Trip war eine Art Abenteuer, man wußte nie, was kommen würde. Einmal hatte ich ein totales Horrorerlebnis. Nobse und ich waren mal wieder bei Blacky und Renate. Wir quatschten ein bißchen über Arbeit und so, bis einer den Vorschlag machte, mal wieder einen Trip zu schmeißen. Also wurden Trips besorgt, und zwar ganz besondere: goldene Mikros. Der Dealer meinte, daß davon ein halber reichen würde.

Wir waren natürlich anderer Meinung und schmissen ganze Pillen ein. Um die Wartezeit zu überbrükken, rauchten wir noch ein Schilum. Etwa nach einer halben Stunde blickte ich nicht mehr durch. Ich kam in Panik. Ich fühlte mich wie auf einem Schiff, das langsam unterging. Ängstlich blickte ich umher, alles veränderte seine Formen. Mein Kreislauf lief Amok, das Herz schlug mir bis zum Hals. Mehr und mehr empfand ich, daß sich meine Gedanken aus meinem Körper hinausbewegten. Ich atmete hastig, versuchte zu sprechen, aber meine Lippen konnten keine Worte mehr formen. In Panik schaute ich zu Nobse rüber, aber der hatte die Augen zu. Sein Gesicht verzog sich zu einer Fratze, bei Blacky war es nicht anders. Auf einmal checkte ich, daß ich alles von der Zimmerdekke aus beobachtete. Ich wollte schreien. Es ging nicht. Irgendwie war ich außerhalb meines Körpers. Wie auf einem Fernseher konnte ich mich selber beobachten.

Was sich dann abspielte, sah ich aus weiter Entfernung. Blacky stopfte mir einige Tabletten in den Mund. Auf einmal fand ich mich in meinem Körper wieder. Ich bat noch um ein paar Beruhigungstabletten und schluckte sie hastig runter.

Langsam wurde ich wieder ruhiger. Dann erzählte ich den anderen, was ich erlebt hatte. Sie guckten mich mitleidig an, als ob ich nicht ganz echt wäre. Blacky meinte später, ich hätte so viele Schlaf-, Beruhigungs- und andere Tabletten geschluckt, daß es normalerweise einem Elefanten das Leben gekostet hätte.

An diesem Abend schwor ich mir ganz fest: nie wieder eine Pille! In der Nacht ging ich mit Nobse noch bis zum Morgengrauen spazieren. Obwohl ich so viele Tabletten drin hatte, verspürte ich keine Müdigkeit. Anschließend fuhr ich nach Hause, als die erste S-Bahn fuhr.

Immer wieder fragte ich mich: Was soll das alles? Wie soll es weitergehen? Ich war in einem Brunnen, in einem dunklen, engen Brunnen, und fiel immer tiefer. Es gab keine Sprosse, keinen Vorsprung, an dem ich mich festklammern konnte. Da war nichts. Einfach nichts. Keine Orientierung, keine Ideale oder Idole, nur der Wunsch zu leben.

9

Mittlerweile hatte auch Mutter die Schnauze voll von mir und meinem Lebensstil. Wenn sie morgens zur Arbeit ging, kam ich nach Hause und ging schlafen. Oder ich blieb mehrere Tage überhaupt weg. Damals war mir durchaus nicht klar, wie weh ich ihr tat, was ich ihr für Schmerzen bereitete. Zuerst Sibylle, die auch in der Weltgeschichte umherflippte und Mutter Sorgen machte. Und jetzt auch noch ich. Wenn sie mich fragte, warum ich so merkwürdig verändert war, wurde ich immer gleich wütend. Wütend deswegen, weil ich ihr keine Antwort geben konnte und auch selbst keine wußte.

Aber irgend etwas mußte ich tun, sonst würde ich durchdrehen. Deswegen beschloß ich erst einmal, eine Zeitlang keine Drogen mehr zu nehmen und mir statt dessen eine Grundlage zu schaffen. Ich suchte mir eine Arbeitsstelle und, wie es der Zufall so wollte, stieß dabei wieder auf Nobse. Er arbeitete inzwischen bei einer Firma, die Arbeitskräfte anstellt und dann an andere Firmen ausleiht. Allgemein wurden diese Firmen „Sklavenhändler" genannt. Nobse hatte dadurch einen Job bei Siemens als Revisor in der Endkontrolle gefunden. Kein Traumjob, aber er verdiente ganz gut dabei.

Durch ihn erfuhr ich, daß Siemens noch Leute suchte, aber nur noch Deutsche. Am nächsten Tag fuhr ich hin und stellte mich vor. In einem kleinen Vorbüro wimmelte es von Menschen, es stank nach Knoblauch und Schweiß. Hier waren eine Menge Ausländer, die sich auch bewerben wollten. Das Gequatsche ging mir unwahrscheinlich auf den Senkel, zumal ich kein Wort verstand. Ich bekam einen Fragebogen (zwei Seiten lang) und saß unschlüssig da. Wieder fühlte ich mich genervt und bedrängt, aber ich mußte da durch. Komisch, früher kannte ich das gar nicht, lustlos, kraftlos und abgeschlafft zu sein. Schließlich schaffte ich es aber doch und wurde eingestellt.

Der erste Arbeitstag war ein echter Horror. Ich stand mit anderen Typen, meistens Ausländer, in einer langen Reihe am Fließband, auf dem ohne Pause Waschmaschinen vorbeirollten. Acht Stunden am Tag dieselbe Handbewegung! Ich kam mir vor wie bei Robert Lembkes heiterem Beruferaten „Was bin ich?" Der Kandidat stellte sich mit einer typischen Handbewegung aus seinem Beruf vor. Ich brauchte nur eine. Nach einer Woche Arbeit kam ich mir vor, als ob ich ein Brett vor dem Kopf hätte, und ging zum Arzt. Na ja, der verschrieb mir zwei Wochen AOK-Urlaub, danach habe ich gekündigt.

Irgendeinen hirnverbrannten Job mit eintönig wiederkehrenden, zeitlich abgestimmten Handbewegungen wollte ich nicht. Was ich brauchte, war eine Arbeit, die ich mir selbst einteilen konnte. Aber so'n Job fand ich nicht in der Zeitung – und außerdem, wenn ich die Zeitung aufschlug, stand sowieso nur Horror drin: Überfall auf die israelische Olympia-Mannschaft. 130 bleivergiftete Rinder in Nordenham usw. Immer nur Horror. Sollte es da etwa noch eine Zukunft geben? Dann lieber das Leben in vollen Zügen auskosten, denn man lebt ja nur einmal.

Mutter lebte in einer ganz anderen Welt. Sie maß das Leben an anderen Werten und Vorstellungen. Klar, da war der Krieg, der vielen jungen Menschen und auch meiner Mutter die Jugend gestohlen hatte. Die

Städte waren zerbombt, alles im Eimer. Aber dann kam der Aufbau, der wirtschaftliche Aufschwung, der Wohlstand. Und mit dem Erreichten war Mutter zufrieden. Nicht nur Mutter. Die Älteren sahen den Horror gar nicht. Aber ich, ich lebte im Wohlstand und wuchs darin auf. Überall schossen neue Wohnhäuser in die Höhe, die Straßen füllten sich mit Autos, aber die Menschen entfremdeten sich immer mehr. Da zählte nur Geld und Ansehen. Natürlich, Geld ist nicht schlecht und Ansehen auch nicht, aber das konnte doch nicht alles sein! Jedenfalls wollte ich nicht nur für die Arbeit leben. Und ich hatte überhaupt Angst vor dem Leben.

Nobse hatte inzwischen auch seinen Job gekündigt. So lungerten wir herum und überlegten, was wir machen könnten. Er hielt es zu Hause nicht mehr aus und wollte am liebsten ausziehen. Ich hatte auch schon darüber nachgedacht, aber leider fehlte das nötige Kleingeld, das man dazu braucht. Schließlich kamen wir auf den Trichter, zusammenzuziehen. Dafür wollten wir auch arbeiten gehen. Dieses neue Ziel mußte natürlich gefeiert werden.

Also gingen wir zur Szene, um Trips zu kaufen. Dort trafen wir einige Leute, die uns Haschisch und Pillen auf Kommission geben wollten. Sie hielten uns für coole Typen, denn wir hatten einen guten Ruf auf der Szene. Für unser neues Vorhaben keine schlechte Grundlage. Vor dem Laden standen einige abgemagerte Typen und Bräute herum. Nobse meinte, es wären Fixer. Die machten nicht gerade einen lebensfrohen Eindruck, aber sie waren ja selbst schuld daran. Niemals würde ich so'n Zeug anfassen, geschweige denn nehmen. Das war völlig klar.

Da kam Nobse auf eine tolle Idee: Wir fuhren in die Manteuffelstraße zu Blacky und Renate. Als wir klingelten und Renate die Tür öffnete, sagte sie nur: „Nicht schon wieder!" Aber es war nicht böse gemeint, und sie ließ uns rein. Blacky schaute auch etwas verschlafen aus den Augen, aber ein Wort brachte er noch raus: „Schilum!" Wir feierten die ganze Nacht, mit reichlich Shit und Alkohol.

So lief jetzt fast jeder Tag ab. Meinen guten Vorsatz, keine Drogen mehr zu nehmen, konnte ich langsam in den Wind schreiben. Je häufiger ich mir vornahm, nichts mehr zu nehmen, desto mehr rauchte ich oder schmiß Pillen. Um mich herum wurde es immer dunkler, während ich meinte, ich würde mich frei machen.

Irgend etwas hatte ich verloren, das war mir völlig klar. Ich überlegte ständig, was es sein könnte, fand aber keine Antwort. Ich betrachtete mein Leben und verglich es mit der Zukunft. Was soll das Ganze eigentlich? Ist das Leben nicht zum Kotzen? Wie soll ich in dieser Welt, zu der ich keinen Bezug mehr habe, zurechtkommen? Aussteigen oder mitmachen?

Mit Nobse sprach ich ab und zu über die Dinge, die mich beschäftigten. Aber wir redeten meist aneinander vorbei. Er sah den Sinn seines Lebens in der Befriedigung seiner Lüste: Ab und zu mal arbeiten, ein bißchen dealen, immer törnen und eine dufte Braut.

Natürlich sehnte ich mich auch nach diesen Dingen, aber waren das nicht auch nur Träume? Meine Umwelt sah doch ganz anders aus, sie verlangte mir doch etwas ab! Schließlich kann man doch nicht machen, was man will. Aber ich wollte frei sein, wirklich frei. Mein Leben selbst bestimmen. Zwar konnte ich diese Sehnsucht nach Selbstbestimmung nie formulieren, aber hatten die anderen nicht ähnliche Wünsche? Mutter verstand mich überhaupt nicht, sie sagte immer nur: „Du kannst doch glücklich sein, du hast doch alles, du bekommst fast alles, was willst du mehr?"

Genau das war auch meine Frage: „Was will ich überhaupt? Wohin gehen meine Bedürfnisse, was ist mein Ziel?"

Eines war klar: Eigentlich sah ich keinen Sinn mehr im Leben. Vielleicht war es das, was ich verloren hatte und nicht wiederfand. Und Sibylle, warum lebte sie so, wie sie lebte? Warum Bob Dylan, Joan Beaz, Jimmy Hendrix, die Studentenunruhen, Herointote, Festivals? Warum? Ist nicht jeder Mensch irgendwie auf der Suche nach etwas, was man Glück nennt? Aber wie sehen die Wege dazu aus? Wie sieht meiner aus? Ist der Weg, den ich gehe, der richtige Weg? Cat Stevens, für mich einer der besten Sänger, drückte es in einem Lied so aus: „From the moment I could talk I was ordered to listen, now there's a way, and I know that I have to go away; I know I have to go." (Von dem Moment an, wo ich sprechen konnte, sagte man mir: Du mußt zuhören. Aber da ist ein Weg, und ich weiß, daß ich weggehen muß, ja, daß ich gehen muß).

Aber welchen Weg? Wie sieht er aus? Unser Clan in der Manteuffelstraße löste sich langsam wieder auf. Blacky und Renate mußten ausziehen, weil Irmchen, ihre Tante, das Zimmer wieder brauchte. Eine neue Unterkunft fanden sie bei Renates Mutter in der Seestraße im Wedding. Auch dort trafen wir uns einige Male, aber doch etwas gemäßigter. Renates Mutter war nicht begeistert von dem, was wir trieben. Aber immerhin tat sie auch nichts dagegen.

Ich hatte wieder eine Arbeit angenommen, in Spandau, als Rangierer bei einer Bahngesellschaft. Wie immer war es kein Traumjob, aber Mutter war zufrieden, daß ich endlich arbeitete. Am schlimmsten war es, wenn morgens um 4.30 Uhr der Wecker klingelte. Ich war immer urig müde, denn meist hatten wir abends gekifft und „Risiko" gespielt. Auch wenn ich dann eher aufgehört hatte als die anderen, war's doch schon ganz schön spät. Öfters passierte es, daß ich dann verschlief und zu spät zur Arbeit kam. Und das förderte auch nicht gerade das Arbeitsklima. Nach meinem ersten Monatslohn ließ ich mich krank schreiben, und danach kündigte ich.

Renate erzählte mir eines Tages daß Blacky wieder dealen würde und zwar mit einem Typen, den sie überhaupt nicht abkonnte. Anfänglich hatte er nur mit Haschisch gedealt, aber dann auch mit Kokain. An einem Abend bekam ich dann mit, daß Blacky Koks drückte. Zuerst spielten wir noch Risiko und rauchten ein Schili, aber dann kam dieser Typ. Zu meinem Erstaunen kannte ich ihn noch von der Schule. Wir begrüßten uns kurz, und dann sah ich zu, wie sie ein Geschäft abschlossen. Vorher fragte er, was mit mir wäre, doch Blacky sagte, ich sei in Ordnung. Er kaufte Kokain und noch einige andere Sachen. Kaum war dieser Typ weg, holte Blacky Spritze und Löffel heraus und fing an, das weiße Pulver mit Wasser zu vermischen.

Ich schaute zu Renate hinüber, die echt unglücklich aussah. Sie hatte schon einiges mit Blacky durchgemacht. Noch in der Manteuffelstraße, in der Zeit, bevor ich sie kannte , hatte Blacky einige Male versucht zu entziehen. Einmal mußte sie sogar einen Notarzt holen, weil er zusammenbrach. Tagelang konnte sie nicht richtig schlafen, ständig war etwas mit Blacky. Sie haßte Heroin und auch Kokain. Aber trotz ihrer Proteste machte er sich seinen Druck. Mir lief ein richtiger Schauer über den Rücken, als ich sah, wie die Nadel sich langsam durch die Haut in die Vene bohrte. Er zog an und ein roter Blutpilz schoß in die Spritze. Blacky schloß die Augen und drückte langsam ab.

Anscheinend genoß er das Gefühl, das ihm die Droge gab. Irgendwie wurde ich neugierig, aber auf der anderen Seite hatte ich Angst. Nach einigen Minuten machte er wieder die Augen auf und erzählte uns von dem starken Gefühl, das er spürte. Er sagte, es sei das Stärkste, was er je erlebt hätte. Er fragte mich, ob ich es nicht auch mal probieren wolle, um zu verstehen, was er bei dem Schuß empfände, aber ich wollte nicht.

An diesem Abend machte sich Blacky eine Menge Schüsse, fast jede halbe Stunde einen, bis er das ganze Gramm verdrückt hatte. Immer wieder mußte ich an seine Frage denken. Aber ich hatte allein schon vor der Spritze Muffe. Trotzdem ließ mich der Gedanke nicht los, es selbst einmal zu probieren.

Wir gingen nachts öfters ins Sound oder in Club I. Mehr und mehr lernte ich Dealer und ihre Kunden kennen. Blacky kannte eine Menge Typen, die meisten aus dem Knast. Meist unterhielt man sich über den Tagespreis von Shit, über starke Bräute und wer wieder in den Knast eingefahren war.

Mit einem Typen unterhielt sich Blacky besonders lange. Ich bekam nur Wortfetzen mit, weil die Musik so dröhnte. Da war von Apotheke die Rede, von Bruch machen und von Babies. Später erzählte Blakky, daß der Typ eine Apotheke geknackt und eine Unmenge von Babies (Barbiturate) hätte. Die Pillen hießen Mandrax und waren begehrte Törnmittel. Ich hatte keinen blassen Schimmer, was das für Dinger waren. Nur einmal hatte ich davon in Verbindung mit den Rolling Stones gehört, die Mandrax als ihre Liebesdroge bezeichnet hatten.

Blacky kaufte an diesem Abend 10 Schachteln und spendierte mir eine. Wir rauchten zuerst eine Tüte und dann wurden die Babies ausprobiert. Zwei Stück drückte ich aus dem Streifen und spülte sie mit einem Bier hinunter. Blacky schaute zu mir rüber und gab mir zu verstehen, daß er mich cool fände, weil ich die Pillen genommen hatte. Ich hatte keine Lust, mich zu unterhalten oder zu tanzen, und ging einfach im Sound spazieren, beobachtete die Leute und hielt nach Bräuten Ausschau. Mittlerweile wurden meine Knie immer weicher, meine Hände fühlten sich taub an, und ein lähmendes Gefühl kroch mir in den Kopf. Vielleicht eine halbe Stunde später torkelte ich wie ein Betrunkener umher. Ich versuchte immer wieder mich zusammenzunehmen, aber es klappte nicht. Schließlich war es mir egal, ob ich gerade ging oder schwankte.

Blacky lief mir über den Weg, und wenn ich alles richtig mitbekam, lief er auch nicht mehr sehr gerade. Wir setzten uns in eine Ecke und rauchten genußvoll eine Zigarette. Ich fand es total irre, rumzusitzen, Musik zu hören und abzufahren. Als Renate kam, mußte sie bei unserem Anblick lachen.

Dieses Feeling bei Mandrax war fantastisch. Die Droge betäubte meine unguten Gefühle und lenkte von der ganzen Ohnmacht, die ich erlebte, ab. Außerdem brachte sie mir Anerkennung von Blacky und seinen Freunden ein. In ihren Augen war ich ein cooler Typ, und das sagten sie auch. Ein Kompliment, das runterging wie süßer Honig. Bald stießen zu unserer Clique zwei Neue hinzu: Thomas und Gabi. Mann, war das ein Pärchen! Über Thomas konnte man nur lachen, weil er ständig irgendeinen Mist erzählte. Und wenn er erst einen Joint geraucht hatte, war es fast nicht auszuhalten mit ihm. Irgendwie waren die beiden sehr ungleich, er studierte und sie schminkte sich immer nur. Dabei sah sie natürlich stark aus und hatte eine prima Figur. Aber daß die beiden verheiratet waren, ging mir überhaupt nicht in den Kopf.

Öfters trafen wir uns jetzt in ihrer Wohnung in der Brandenburgischen Straße und sumpften die Nacht durch. Hier schmissen wir zusammen wieder Trips, knallten uns die Birne mit allem möglichen Zeug zu und ließen dicke Feten steigen. Nach und nach kamen ein Haufen Dealer in die Wohnung, obwohl Tommy das nicht so gern sah.

Inzwischen nahm Blacky wieder ab und zu Heroin, was regelmäßig zwischen Renate und ihm zu Streitereien führte. Als ihre Mutter das mitbekam, schmiß sie Blacky aus der Wohnung. Für mich war das ein ganz blödes Feeling. Mann, die beiden auseinander! Das konnte ich mir gar nicht vorstellen. Weil Blacky jetzt keinen Schlafplatz mehr hatte, bot Tommy ihm an, in der Brandenburgischen Straße einzuziehen. Dieser Einzug eröffnete ein neues Kapitel, nicht nur für Blacky, sondern auch für Tommy selbst, für Gabi, Nobse und viele andere – und auch für mich.

Wir alle fanden es mies, daß die beiden nicht mehr zusammen waren. Blacky litt selber sehr darunter, auch wenn er den Coolen mimte. Dafür wurde unsere Freundschaft immer enger, bis wir schließlich jeden Tag zusammen waren. Jetzt wohnte nicht nur Blacky in der Brandenburgischen, sondern ich auch noch. Fast jede Nacht waren wir im Sound, lernten dort Fixer kennen und vieles andere Gesocks. Blacky wollte wieder anfangen, mit Heroin zu dealen. An einem Abend quatschte er mit einem Typen und bestellte ihn in die Brandenburgische. Ich hatte Bedenken wegen seiner Bewährung. Außerdem war mir die Droge unheimlich. Aber Blacky schwärmte nur davon. Er wollte nach Indien fliegen, weil dort das Dope so billig sei. Außerdem wollte er nur solange dealen, bis er genügend Knete zusammen hätte, um seine Träume zu verwirklichen. Wenn ich ihm helfen würde, könnte ich auch eine ganze Menge verdienen.

Am Nachmittag kam dann der Typ. Vorher hatte Blacky mir noch für alle Fälle seine 9 mm Gaskanone gegeben. Wir setzten uns ins Wohnzimmer. Blacky ließ sich erstmal eine Probe vom Heroin geben. Der Typ holte eine kleine Tüte aus seinem Stiefel hervor und schüttelte den Inhalt, weißes Pulver, auf das Stanniolpapier, das Blacky ihm hinhielt. Über einer Kerze wurde das Stanniol erhitzt, das weiße Puder wurde langsam schwärzer und verbrannte fast ohne Rückstände. Ich wußte nicht recht, was das sollte, erfuhr später aber, daß man daran den Grad der Reinheit des Stoffs erkennen kann. Blacky nahm noch einen Schniff als Probe, bevor er in das Geschäft einwilligte. Nachdem alles abgewickelt war, holte er aus einem Schreibwarengeschäft rotes Stanniolpapier, das man zu Weihnachten zum Basteln nimmt. Dann teilten wir das Heroin und verpackten es in kleine Briefchen.

Im Umgang mit der Droge packte mich das starke Verlangen, Heroin selbst einmal auszuprobieren. Ich fragte Blacky, ob ich mal ein bißchen haben könnte. Er legte mit der Messerspitze ein Minihäufchen vor mich, drehte aus einem Geldschein eine Rolle und gab sie mir rüber. Mann, hatte ich Angst! Die Hände waren naß geschwitzt vor Aufregung und zitterten. Ich steckte mir das Röhrchen in die Nase und zog hoch. Im Hals hatte ich einen bitteren Geschmack, aber weiter passierte erst einmal nichts.

Nach und nach wurde mir ganz warm im Kopf, dann strömte dieses Gefühl durch den ganzen Körper und vermittelte mir eine angenehme Wärme. Ich empfand Geborgenheit, Selbstsicherheit und ein sehr, sehr starkes Glücksgefühl. Und ich fing an zu quatschen. Wie unter einem übermächtigen Zwang sprudelte es aus mir heraus. Blacky schaute mich an und meinte: „Starkes Feeling, was?”

Nach einiger Zeit aber klappten mir die Augen zu. Angestrengt versuchte ich sie aufzuhalten, schaffte es aber nicht. So ließ ich mich hängen und genoß das irre Feeling. Dabei merkte ich gar nicht, daß meine Zigarette zwischen den Fingern verglimmte. Hätte Blacky es nicht gesehen, wären nicht nur meine Finger verbrannt, sondern vielleicht die ganze Wohnung. Erst am Abend, als die Wirkung der Droge nachließ, merkte ich den stechenden Schmerz zwischen meinen Fingern. Aber außer dem Brandloch hatte das Heroin bei mir noch eine andere Nebenwirkung: Ich mußte den ganzen Abend über brechen. Tommy, der auch einen Schniff genommen hatte, ging es nicht besser.

Bei Mutter hatte ich mich schon eine Weile nicht mehr gemeldet. Bestimmt machte sie sich Sorgen, aber das war mir egal. Ich wollte frei sein. Ich drängte einfach dieses Gefühl beiseite, mich melden zu müssen. Außerdem müßte ich mir dann nur den Schwall von Vorwürfen anhören, und das wollte ich absolut nicht. Sibylle und ich waren die schwarzen Schafe der Familie. Öfters hatte Mutter schon gesagt, ich würde so enden wie Sibylle. So unrecht hatte sie gar nicht.

10

Die Tage darauf, nach meinem ersten Erlebnis mit Heroin, waren wir nachts oft im Sound. Blacky wollte sein Dope verticken, und ich sollte nach Kunden Ausschau halten. Anscheinend lief das Geschäft gut, und Blacky stieg noch größer ein. Mir wurde dabei immer mulmiger, ich hatte Angst, mit der Polizei in Konflikt zu kommen. Aber er schaffte es immer wieder, mich zu überreden. Wir schliefen beide in einem Zimmer, und fast jeden Morgen mußte ich ihm den Arm abbinden, damit er sich seinen Schuß setzen konnte. Zur Belohnung und als Anreiz legte er mir ein kleines Stanniolbriefchen auf die Bettdecke. Ich mochte diese Droge, weil sie mir so viel vermittelte. Den Gedanken, daß ich mal süchtig werden könnte, hielt ich für absurd.

Die anderen aus der Clique hielten mich für verrückt, weil ich mit Heroin angefangen hatte. Wenn sie was sagten, war ich immer kurz angebunden: „Ihr habt ja überhaupt keinen Durchblick."

Im Sound traf ich viele kaputte Typen und Bräute, die meisten waren süchtig und drückten. Darunter waren Leute, die man als „Linker" bezeichnete. Sie hörten sich um, wer gerade Heroin dealte, und erzählten dem Betreffenden, sie wollten eine große Menge kaufen. Wenn es dann soweit war, schlugen sie den Dealer zusammen oder hielten ihm eine Knarre unter die Nase. Vor solchen Typen warnte mich Blacky, falls ich einmal selbst ins Geschäft einsteigen wollte. Aber von diesem Geschäft wollte ich eigentlich gar nichts wissen.

Obwohl seit meinem ersten Schniff kaum eine Woche vergangen war, glitt ich fast unmerklich in die Abhängigkeit hinein. Unsere Clique saß zusammen in der Brandenburgischen und schmiß einen Trip. Aber ich fand nichts dabei, keinen Spaß, kein Feeling; irgend etwas war mit mir los. Ich hätte heulen können, so mies ging es mir. Alles nervte mich, ich war gereizt und hatte Depressionen. Ich wollte wieder nach Hause gehen und alles hinter mir lassen. Blacky sagte mir, das wäre ein kleiner Entzug. Ich wurde noch aggressiver, als er mir das sagte, weil ich es nicht wahrhaben wollte. Ich hatte doch nur eine Woche lang pro Tag einen Schniff gemacht!

Nobse riet mir, erst einmal für eine Weile von Blacky Abstand zu nehmen, sonst könnte er mich auf die Nadel bringen. Mir leuchtete das ein, ich ließ mir noch einige Mandrax geben und fuhr nach Hause. Mutter war total am Ende, als sie mich sah. Sie weinte furchtbar und fragte, wie ich es ihr nur antun könne, über eine Woche wegzubleiben, ohne mich zu melden. Sie saß zusammengesunken im Sessel und weinte.

Mir tat das Ganze urig leid, aber ich konnte mich noch nicht einmal entschuldigen. Und dann ging's weiter mit Vorwürfen: Ich würde so enden wie Vater! Ich wäre nicht mehr der Ralf von früher. Was denn mit mir los sei? Ich solle doch mal an Sibylle denken. Als Mutter sich endlich beruhigt hatte, versprach ich ihr, mich zu ändern und mir auch Arbeit zu suchen.

In der Nacht konnte ich nicht schlafen. Meine Beine taten mir weh, ich konnte sie nicht still halten. Immer wieder versuchte ich einzuschlafen, aber es ging nicht. Mir fielen die Schlaftabletten ein, die mir Blacky noch gegeben hatte, und ich schluckte zwei. Trotzdem lag ich die ganze Nacht wach. Aber am schlimmsten war, daß ich mich total verlassen, einsam, unverstanden, leer und ängstlich fühlte. Und mir war kalt! Dabei brauchte ich gerade jetzt Wärme und Geborgenheit. Sollte ich wirklich schon süchtig sein?

Gegen Mittag fühlte ich mich noch mieser und rief in der Brandenburgischen an. Ich sprach mit Blacky und erzählte ihm von den miesen Feelings. Er meinte, daß das gar nicht so schlimm sei und ich solle nicht so'n Affen machen bei solch einem Mini-Entzug. Nach einer Tüte Joint ginge es mir dann sicherlich besser. Also fuhr ich hin und vergaß das Versprechen, das ich Mutter gegeben hatte.

Bis zum Abend hatte ich mir dann die Birne mit Haschisch und Alkohol vollgeknallt. Immer wieder wollte ich Blacky fragen, ob er mir einen Schniff spendieren würde, aber noch widerstand ich der Versuchung. Abends im Sound spielten sie irre Musik, die wieder die Sehnsucht nach Wärme und starken Feelings aufbrechen ließ. Jetzt war mir endgültig alles egal und ich quatschte Blacky um ein Päckchen an. Auf der Toilette schniffte ich das Zeug und ging dann auf die Tanzfläche. Ich fühlte mich wieder gut, die Wärme strömte wieder durch meinen Körper, ich war glücklich!

Wenn ich an diesem Abend gewußt hätte, was alles danach folgen würde, ich glaube, ich wäre ans Ende der Welt gerannt.

Bald darauf wurde Blacky wieder verhaftet. Es muß dabei ziemlich turbulent zugegangen sein. Gabi erzählte mir, daß die Polizei die Wohnung gestürmt und alles durchsucht hätte. Na ja, nun saß er wieder im Knast, und für manche war es ganz erholsam, zumindest für Tommy und Gabi. Ich traf mich wieder mit Nobse bei ihm zu Hause, und wir nahmen ab und zu einen Trip, kifften und gingen abends ins Sound. In der letzten Zeit wimmelte es dort nur so von Dealern. Heroin machte seine Runde. Auch ich nahm weiterhin Heroin, aber nur alle zwei bis drei Tage. Ich wollte nicht noch mal das miese Gefühl haben wie vor einigen Wochen. Trotzdem war ich auf dem besten Weg, süchtig zu werden, und wußte es auch.

Aber es gelang mir immer wieder, mich selbst zu belügen. Nobse hatte auch angefangen, Heroin zu schniffen, aber „natürlich nur am Wochenende", um ein bißchen Spaß zu haben. Durch ihn lernte ich einen Typen kennen, der groß ins Geschäft einsteigen wollte. Und zwar mit uns zusammen, weil wir durch Blakky viele Leute dieser Szene kennengelernt hatten. Irgendwie klang das nach Abenteuer, nach Nervenkitzel und Freiheit. Wir machten also mit. Einige Tage später flog er nach Amsterdam und kaufte im Chinesenviertel Heroin. Wie er es dann rübergebracht hat, erfuhren wir nicht, aber das war uns auch egal.

Wir trafen uns in seiner Wohnung, und Nobse und ich nahmen erst einmal eine Probe. Vor uns lag eine Schachtel voll weißem Heroin. So viel auf einem Haufen hatte ich noch nie gesehen. Das Zeug war unheimlich stark, kaum verschnitten. Der Typ behauptete, es wäre fast 90% reines Thailandheroin. Wir einigten uns noch über den Preis und nahmen einige Gramm auf Kommission mit, weil wir kein bares Geld hatten.

Zu Hause bei Nobse packten wir das Zeug in kleine Stanniolbriefchen und fuhren abends ins Sound, natürlich mit dem Taxi. Wir waren doch jetzt wer. Es verging nicht ein Tag, an dem wir nicht schnifften. Manchmal merkte ich gar nicht, daß ich vier- oder fünfmal einen kräftigen Schniff nahm.

Inzwischen wohnte ich nicht mehr bei Mutter, sondern bei Vater in der Orber Straße. Nobse wohnte ja gleich gegenüber, und als ich einmal bei ihm war, ging ich Vater besuchen und fragte, ob ich bei ihm ein Zimmer beziehen könnte. Er hatte nichts dagegen, im Gegenteil. Er freute sich, daß sein Sohn bei ihm einziehen wollte. Für Mutter war das natürlich ein Schlag ins Gesicht. Sie sah mich ganz komisch an und brachte kaum ein Wort heraus. Außer: „Na ja, er ist ja dein Vater", sagte sie nichts. Um meinen Entschluß zu erklären, log ich ihr vor, ich hätte Arbeit gefunden.

Nun wohnte ich bei Vater und sah, wie er lebte. Manchmal kam mir alles hoch: schreckliche Erinnerungen, traumatische Erlebnisse und die ständige Angst, die ich als Kind in dieser Wohnung gehabt hatte. Aber das war nun Vergangenheit, und ich wollte mit den alten Erinnerungen nichts mehr zu tun haben. Vater war sichtlich erstaunt über meinen Lebensstil. Ich schlief meist bis 12 oder 13 Uhr und ging am Nachmittag aus dem Haus. Frühmorgens kam ich dann erst wieder zurück.

Eines Nachts kam ich in total angetörntem Zustand zurück. Ich hatte überhaupt keinen Durchblick mehr. Morgens erwachte ich, am Tisch sitzend; um mich herum lagen verstreut einige Hunderter. Auf dem Tisch lag Dope. Ich wußte von nichts mehr, hatte einen totalen Filmriß. Von diesem Tag an wußte Vater, was los war. Abends unterhielten wir uns, und ich erzählte ihm irgendeine Story, die mir gerade so einfiel. Er glaubte mir kein Wort. Aber weiter gesprochen wurde über diese Sache auch nicht.

Eines Nachts ergab sich eine komische Situation. Vater war ziemlich angetrunken und bat mich, einige Gläser mitzutrinken. Ich wollte ihn nicht kränken und trank ein Glas mit. Aber mir wurde gleich übel, denn Heroin und Alkohol vertragen sich nicht, jedenfalls bei mir nicht. Und dann kam doch wieder die Frage, woher ich das ganze Geld hätte. Ich hatte keine Lust, ihm noch eine Story zu erzählen, und sagte ihm, was ich machte. Er fragte mich auch, was ich daran finden würde. Im Laufe des Gesprächs – er schimpfte über Drogen, ich über Alkohol – passierte dann etwas, was ich wohl nicht so schnell vergessen werde: Ich bot meinem Vater Heroin an, und aus Neugierde nahm er einen Schniff. Mich hat's fast umgehauen. Vater und Sohn nahmen zusammen einen Schniff!

Ich verschniffte jetzt jeden Tag Unmengen von Heroin und merkte dabei nicht, wie ich immer abhängiger wurde. Weil so viel Heroin beim Schniffen draufging, konnte ich eines Tages meine Schulden nicht mehr bezahlen. Mein Dealer war stocksauer und wollte nichts mehr mit mir zu tun haben. Ich bekam kein Heroin mehr auf Kommission, hatte nichts zum Dealen und nichts zum Schniffen.

Der einzige Ausweg, der mir blieb, war der Entzug. Gemeinsam mit Nobse wollte ich aufhören, in der Wohnung meines Vaters entziehen und dann ein geregeltes Leben anfangen. Natürlich hatten wir keine Ahnung, was da auf uns zukam. Zumindest sah die Realität dann anders aus als unsere Vorstellung. Am Kudamm gab es eine Ärztin, die auf Privatrezept Valeron und Schlaftabletten verschrieb. Ich besorgte mir zwei Flaschen Valoron und zwei Packungen Schlafmittel.

Abends nahmen wir Schlaftabletten und ein bißchen Valeron. Nachts wachte ich auf, schweißgebadet. In mir eine völlige Leere. Ich nahm nochmals zwei Schlaftabletten und Valoron. Obwohl ich noch keine Schmerzen hatte, schluckte ich hundert Tropfen. Nach einer Weile schlief ich angetörnt ein, das Feeling war fast so wie bei Heroin.

Am Morgen erwachte ich und fühlte mich ziemlich wohl. Aber schon nach kurzer Zeit spürte ich wieder das Unbehagen, den „Affen". Am schlimmsten waren die Depressionen und dieses Gefühl der Leere, das Empfinden innerer und äußerer Kälte und der Schüttelfrost. Am liebsten wäre ich aus dem Fenster gesprungen. Immer wieder nahmen wir Valeron. Wir dachten, wir würden langsam entziehen, dabei schoben wir den Entzug nur hinaus. Doch das war uns völlig egal. Nach zwei Tagen gaben wir auf und fuhren ins Sound.

Wie sollte es weitergehen? Ich kam mir vor wie auf einer Insel ohne jegliche Verbindung zum Festland. Natürlich, ich war nicht allein auf dieser Insel, Hunderte, ja sogar Tausende Junkies waren auch dort, aber das war nur ein schwacher Trost. Immer wieder sagten die anderen: „Morgen höre ich auf, ganz bestimmt." Aber das hielt nur vor, solange sie das Feeling der Droge im Körper hatten. Wenn es erst einmal weg war, kam die Realität, mit der Realität kam der Entzug, mit dem Entzug die Depression, mit der Depression die Leere und die Schmerzen und mit den Schmerzen die Aufgabe und Kapitulation. Man traf sich wieder im Sound. Und ich sah mich in allem und allen wieder.

Für mich gab es nur einen Ausweg: mich von meiner alten Umgebung zu lösen in der Hoffnung, die Kraft für einen erfolgreichen Entzug zu finden. Ich fuhr zu Mutter zurück und erzählte ihr, was mit mir los war. Sie brach fast zusammen, weinte fürchterlich, konnte einfach nicht begreifen, warum ich mit Drogen angefangen hatte. Ich hätte doch an Sibylle gesehen, was das Zeug anrichtet. Auf diese Frage wußte ich selbst keine Antwort. Aber nach einem langen Gespräch machte mir Mutter Hoffnung: „Wir werden es schon schaffen!"

Ich nahm alle Kraft zusammen, blieb Abend für Abend zu Hause, schaute viel in die Glotze, um mich abzulenken. Nach einer Woche fühlte ich mich schon wieder besser. Mutter meinte, es sei an der Zeit, wieder Arbeit zu suchen. Tatsächlich bekam ich eine Stelle in Spandau als Prüfer. Kein Traumjob, aber immerhin. Doch nach einigen Wochen brach wieder dieses Unruhegefühl auf, das zwar ständig da war, das ich aber bis jetzt erfolgreich verschüttet hatte. Jetzt wurde es übermächtig. Ich ließ mir Vorschuß geben und fuhr nach Feierabend zur Szene am Henriettenplatz. Unter allen Umständen mußte ich Heroin haben. Ich traf Mario, den ich noch aus dem Key-Club kannte, und der wußte jemand, der Heroin hatte.

So fing das Spiel von vorne an.

Wieder fragte ich Vater, ob ich bei ihm wohnen könne, und er sagte ja. Auch Nobse hatte gerade wieder angefangen, Kontakte mit dem Dealer zu knüpfen. Aber diesmal mußte ich aus dem Spiel bleiben, weil der noch ziemlich sauer auf mich war, ich hatte ja noch eine ganze Latte Schulden bei ihm.

Also bot ich Nobse an, für ihn zu vermitteln. Jeden Abend saß ich wieder im Sound und knallte mir den Kopf mit Heroin voll. Ab und zu vermittelte ich ein Geschäft, um Heroin und Geld zu haben. Morgens gegen 3 Uhr fuhr ich dann mit dem Taxi nach Hause, legte mich abgeschlafft ins Bett, und sagte jedesmal noch meine Einschlafliturgie: „Ich werd's schon schaffen, wieder clean zu werden!"

Doch wenn ich dann aufwachte und diese Leere in mir spürte, nichts als Kälte und Einsamkeit, war's nichts mehr mit clean werden. In meiner Hosentasche hatte ich immer noch ein Stanniolbriefchen mit Heroin. Mann, ich wollte doch heute aufhören, neu anfangen. Anfangen – gefangen. Ja, ich war gefangen, aber irgendwie mußte es doch einen Ausweg geben! Gleichgültig stand ich auf, griff schnell zur Hose und schniffte das ganze Päckchen auf einmal. Nicht lange und ich war total zu. Am Abend wieder Sound, Vermittlungen machen, mit Leuten ab und zu quatschen. Kreislauf des Lebens.

Alles hatte einmal so harmlos angefangen. Zu Anfang machte es noch Spaß, Trips zu schmeißen oder Shit zu rauchen. Man fuhr bei der Droge noch so richtig ab, aber jetzt brauchte ich sie, Tag um Tag.

Einmal war im Sound Razzia. Ich hatte gerade ein Gramm Heroin in der Hand, als die Polizei hereinstürmte. Überall wurden helle Stablampen angeschaltet. Ich wurde total hektisch; schließlich hatte ich ja auch Heroin in meiner Tasche. Der Sound war zu dieser Zeit der größte, mir bekannte Umschlagplatz für Heroin in Berlin.

Ich wußte nicht, was ich machen sollte. Überall konnte man sehen, wie Typen kleine Päckchen fallen ließen, Stanniolbriefchen lagen auf dem Boden. Mann, was sollte ich nur machen? Ich drängte mich in den Flipperraum und schaute einem Typen beim Spielen zu. Mit der Hand faßte ich an die Rückwand des Automaten und bemerkte, daß diese nachgab. Schnell klemmte ich das Heroin dazwischen. Kurz darauf kamen die Polizisten in den Raum und forderten alle auf, sofort zur Leibesvisitation nach vorn zu gehen. Mann, hatte ich Herzklopfen! Das Blut hämmerte mir in der Birne: noch mal Schwein gehabt! Nach diesem Erlebnis wollte ich wieder mal entziehen.

Aber dieser Entschluß hatte noch einen anderen Hintergrund. Nobses Dealer hatte kein Dope mehr, er mußte erst wieder nach Amsterdam fliegen. Für uns bedeutete das Trockenzeit. Darum entschlossen wir uns zu entziehen, und zwar wieder bei meinem Vater.

Ganze anderthalb Tage hielten wir diesmal durch.

Danach erlebten wir eine unangenehme Überraschung: Auf der uns bekannten Szene gab es kein Heroin. Überall telefonierten wir rum – nichts zu machen. Bei einem Typen war noch Dope zu bekommen, doch zu einem Horrorpreis von zweihundert Mark pro Schniff. Anscheinend gab es nirgends Heroin, und wir waren nicht die einzigen, die auf der Suche waren.

Nach langem Suchen bekam ich endlich einen Tip, wo es noch etwas gab: auf der Fixerszene in der Tu-Mensa. Mann, mit diesen kaputten Typen wollte ich nie etwas zu tun haben! Aber nun wurde ich durch meine Sucht dazu gezwungen. An der Tu liefen Gestalten rum, die nicht dicker waren als ein Besenstiel. Es ekelte mich echt an. Doch der Drang nach Heroin war stärker als meine Abneigung. Zu meiner großen Enttäuschung gab es aber auch hier kein Heroin, nur eine sogenannte „Berliner Tinke", die exakt so aussah, wie sie hieß. Außerdem mußte man dieses Zeug drücken, und das wollte ich nie tun. Doch diese Leere und der Drang nach einem guten Feeling war zu groß. Ich kaufte mir 1 ccm Tinke, doch ich hatte keine Fixe, um das Zeug aufzubewahren. Also fing die Hetzerei wieder an. Von einem Fixer erfuhr ich, daß man bei der Apotheke in der Augsburger Straße ein Besteck kaufen könnte. Also raste ich los.

Als ich alles zusammen hatte, kam mir Nobse mit einem ziemlich düsteren Gesicht entgegen. Auch er hatte kein Heroin gefunden. Ich erzählte ihm von der Tinke und davon, daß ich nur das einzige Mal drücken wollte, um vom Turkey runterzukommen. Nobse holte sich auch einen Schuß. Aber nur einen, denn spätestens am nächsten Tag sollte der Typ aus Amsterdam zurückkommen, und dann hätten wir wieder was zum Schniffen.

Schnell fuhren wir mit einem Taxi in die Orber Straße. Zum Glück war Vater nicht da. Aus der Zeit im Krankenhaus wußte ich, wie man den Arm abbinden mußte und daß darauf zu achten war, keine Luft in der Spritze zu haben. Nobse bat mich, ihm den Schuß zu machen, weil er zu große Angst hatte. Er band den Arm ab, wir sahen uns an, und dann bohrte ich etwas ungeschickt die Nadel in die Vene. Nobse zuckte beim Einstich zusammen und guckte ängstlich aus den Augenwinkeln auf seine Armbeuge. Als ich sah, daß ich richtig getroffen hatte, fragte ich ihn: „Soll ich abdrücken?"

Er nickte, und ich drückte langsam ab. Nobse machte die Augen zu, wurde leicht rot im Gesicht, und dann war nur noch ein Erleichterungsstöhnen zu hören. Ich fragte ihn ständig, wie es sei, aber er konnte es mir nicht beschreiben. Mir mußte ich den Schuß selber setzen. Nobse war nicht dazu in der Lage.

Da saß ich nun mit der Fixe in der Hand, mit dem Affen im Rücken und einer panischen Angst vor der Nadel. Ich zitterte am ganzen Körper vor Angst, doch diese verdammte Gier trieb mich dazu, die Nadel einzustechen. Weil ich so zitterte, traf ich ständig daneben. Blut rann am Arm herunter. Endlich traf ich und drückte ab. Danach besah ich mir meinen Arm. Ich hatte die Vene durchstochen, und an dieser Stelle wuchs nun eine dicke Beule mit blaugrünlicher Färbung.

Von dem Tage an drückte ich nur noch.

Der Typ aus Amsterdam war immer noch nicht zurückgekommen, und Heroin war Mangelware. Langsam, aber sicher schmolzen meine Geldreserven zusammen. Wieder kam der Wunsch zu entziehen. Durch einen Bekannten lernte ich einen Mann kennen, der sich auf Apothekeneinbrüche spezialisiert hatte. Von dem kaufte ich reines Morphium in Ampullen. Ich teilte meinen Einkauf mit Nobse, und wir trennten uns mit der Absicht, daß jeder für sich entziehen sollte. Das Morphium sollte, falls der Entzug zu hart würde, uns durch einen kleinen Druck Erleichterung verschaffen. Was für ein Quatsch!

Mutter war gerade zur Kur in Westdeutschland, also eine ideale Möglichkeit zu entziehen. Doch schon am Abend waren alle Ampullen verdrückt, und das Alleinsein fiel mir auf den Wecker. Ich rief Nobse an. Von ihm erfuhr ich, daß Blacky aus dem Knast ausgebrochen sei und bei ihm im Sessel sitzen würde. Natürlich fuhr ich hin.

Als wir uns begrüßten, sah ich in Blackys Augen einen triumphierenden Ausdruck: Na siehste, so schnell ist man auf der Nadel! Er hatte es mir sofort angesehen.

An diesem Abend erfuhr ich, daß wieder ein neuer Laden aufgemacht hatte, das „Dream". Der Laden war in der Fuggerstraße in Schöneberg. Eines Abends ging ich hin und war nicht schlecht erstaunt. Ich traf gleich eine Menge Leute, die ich aus dem Sound, Old Eden, Key-Club und Lilale kannte. Und noch etwas fiel auf: Hier florierte ein reger Handel, selbst der Besitzer war gut im Geschäft. Ich selbst war ja auch schon einschlägig bekannt. Deswegen lernte ich auch einen Typen kennen, der mich fragte, ob ich nicht eine gute Quelle wüßte, wo er für einige tausend Mark guten Stoff kaufen könne. Ich wußte noch nichts, sagte ihm aber zu, mich umzusehen.

Einige Tage später hatte sich tatsächlich eine gute Quelle, die einigen Gewinn versprach, aufgetan. Mit einer kleinen Probe ging ich wieder ins Dream. Mein Kunde war zufrieden, und wir ließen das Geschäft abrollen. Bei der ganzen Sache hatte ich immer eine

Mordsangst vor dem RD (Rauschgiftdezernat) und davor, gelinkt zu werden. Aber die Sache lief sauber ab, und ich verdiente mir einiges Geld.

Genau über dem Dream waren einige Apartments frei, von denen ich mir eins mietete. Und damit begann eine nervenaufreibende Zeit. Ständig hatte ich mit Leuten zu tun, die meine Quelle wissen wollten. Zum Glück machte ich die Vermittlungsgeschäfte nicht allein, wir waren jetzt zu dritt. Die anderen beiden wohnten unter mir, und in ihrer Wohnung wurden auch die Geschäfte gemacht. Meine Nerven waren zum Zerreißen gespannt. Ständig diese Angst, kaum Schlaf und dazu Dope. Nach ca. 6 Wochen betrachtete ich mich zufällig im Spiegel mal genauer und erschrak über mich selbst. Ich sah furchtbar aus und war auf dem besten Wege, wie die Typen in der Tu-Mensa zu werden. Wieder kam der Wunsch auszusteigen, zu entziehen. Als ich es den anderen sagte, waren die nicht gerade erfreut. Ohne Geld und Heroin verliert man schnell die Freunde. Aber das war mir wurst.

Irgendwann stand plötzlich Nobse vor der Tür. Seit Wochen hatten wir uns nicht gesehen. Er wohnte zu der Zeit für einige Wochen in Lichtenrade bei Jens und Annette, um zu entziehen. Und er hatte Erfolg gehabt! Nun wollte er mir helfen, auch zu entziehen. Aber wie das unter Junkies ist, man zieht sich nicht hoch, sondern runter! So dauerte es nicht lange, und er drückte auch wieder.

Wahrscheinlich war ihm das schon vorher klar gewesen, aber er wollte es nicht wahrhaben. Also steckten wir wieder zusammen. Und dann tauchten plötzlich Renate und Gabi auf. Ich konnte es nicht in meinen Kopf reinkriegen: Sie selbst schnifften ab und zu. Renate, die mit Blacky soviel Mieses wegen des Dope

Einschulung April 1961

Klassenfoto 3. Klasse, Ralf Arndt 2. von rechts

Sibylle mit Carsten, 1968

Ralf auf dem Weg zum coolen Typ, 1969

Von links: Renate, Ralf, Blacky, Jens, Jürgen und Hasi.
Im April 1972 in der Manteuffelstraße.

Ralf 1972
im Park hinter
dem „Sound"

Familienfest in Spandau

In der Teestube im „Sound", 1973

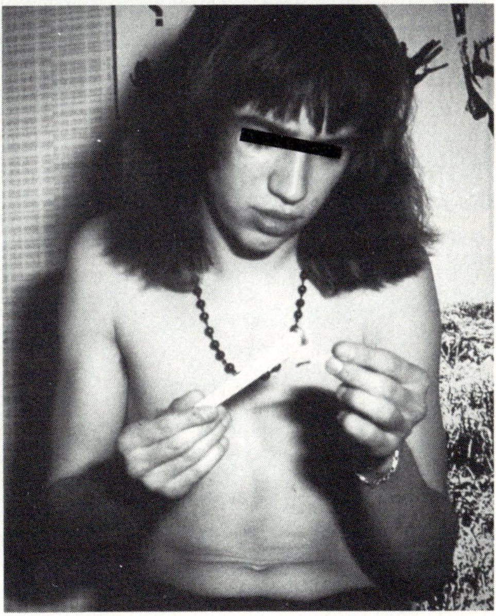

Nobse mit Joint

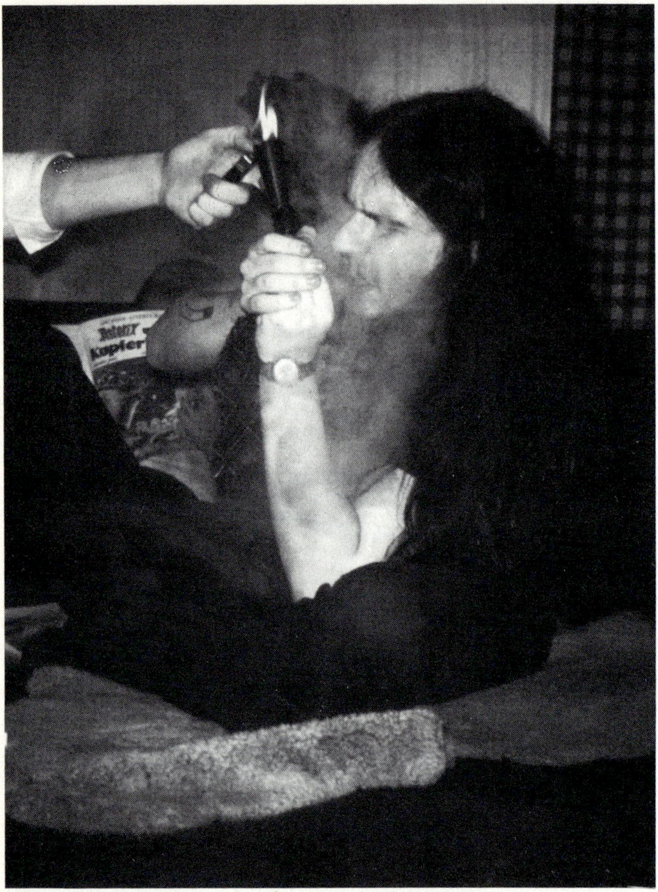

Blacky mit Joint

Wasserpfeife

1972

Mit Nobse 1973

Ansichten
einer
Fixerwohnung

Annette, Ralfs
erste Frau,
in der
Manteuffel-
straße

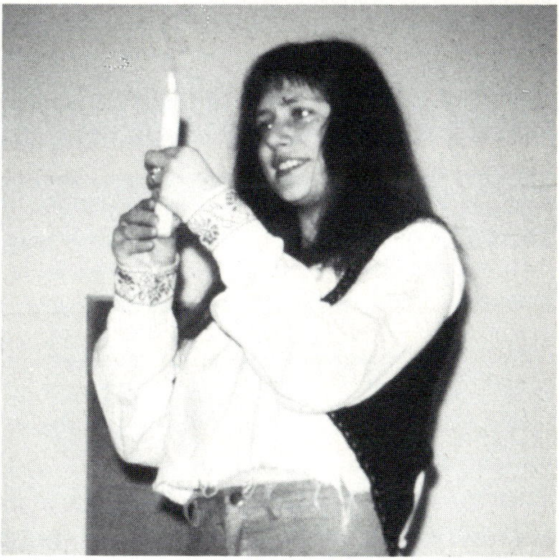

Elvira, Ralfs
einzige
große Liebe
vor Martina

Mario, der Ralf auf der Szene angesprochen hat. 1973 selbst noch heroinabhängig.

Heute mit seiner Frau Anorte.

Der Hof in Lohfelden. Der erste Schritt ins Leben.

Therapie-Praktikum in Eininghausen

Hochzeit
mit Martina

Die ganze Familie an der Nordsee

Ralf bei einem Vortrag in der Berufsschule Herzogenaurach 1981

Teestube Berlin, Kurfürstenstraße

erlebt hatte, törnte nun selbst Heroin. Von Gabi erfuhren wir, daß sie sich von Tommy getrennt hätte. Er hatte angefangen, Heroin zu schniffen, und dabei noch viel Alkohol getrunken. Eines Abends war er ins Sound gegangen und umgekippt. Einige Leute setzten ihn in ein Taxi und ließen ihn nach Hause fahren. Er ist dann noch bis in seine Wohnung gekommen, dort aber wohl zusammengebrochen. Tage später fand man ihn. Tot.

Ich war echt schockiert. Tommy tot!

Blacky war inzwischen nach Indien abgehauen, nach Goa. Mann, wie beneidete ich ihn! Raus aus dem ganzen Sumpf! Abhauen, alles stehen und liegen lassen, nur weg!

Ich hatte wirklich die Schnauze voll. Wenig später wurde ich vor dem Dream von so einem blöden Hund aus der Family-Bande zusammengeschlagen. Ich sah aus! Mein rechtes Auge und die Braue schwollen zu der Größe eines Eies an. Hätten mich nicht zwei Prostituierte in die danebenliegende Bar gezerrt, hätte er mich zu Kleinholz geschlagen. In meiner ohnmächtigen Wut schrie ich immer wieder: „Dieses Schwein bringe ich um." Der Barkeeper beruhigte mich, gab mir ein Handtuch mit Eiswürfeln und Schnaps. Und dann fing ich auch noch vor Wut zu heulen an. Ich fühlte mich saumäßig.

Glücklicherweise hatte ich mir ein wenig Geld zur Seite gelegt, für dünne Zeiten. Und die kamen sehr schnell. Von den Leuten unter mir hatte ich mich distanziert, weil ich nicht mehr dealen wollte, und meine andere Quelle war auch versiegt. So mußte ich wie jeder andere Junky auf der Straße kaufen. Da wurde man regelmäßig übers Ohr gehauen. Aber was sollte ich machen? Ich brauchte ja das Dope. Und so ging ein Hunderter nach dem andern flöten. Nicht lange, und die Kohle war weg. Ich konnte die Miete nicht mehr bezahlen, Mahnungen der Bewag und des Vermieters flatterten ins Haus. Was war zu tun? Ich wußte es nicht.

Eines war mir klar: Ich war abhängig und saß auf einem sinkenden Schiff. Um durchzukommen beschloß ich, wieder zu dealen. Bei den mir bekannten Dealern fragte ich, ob ich eine bestimmte Menge an Dope auf Kommission kriegen könnte, aber es war nichts zu machen. Ich war am Ende, als mir noch der ehemalige Freund von Blacky einfiel. Ich erzählte ihm eine wüste Story, ich hätte Amis, die mir 10 Gramm abkaufen wollten, aber ich hätte es nicht mehr geschafft, zur Bank zu kommen, um das Dope ranzuschaffen. Zu meiner Überraschung schluckte er die Story und gab mir Heroin auf Kommission. Zwei Tage später wollte er kassieren kommen.

Aber die Amis gab's ja nicht. Also gingen die zwei Tage vorbei, und ich hatte das Geld nicht. Dafür war schon eine Menge Dope verdrückt. Ich hatte keine Traute, mit ihm zu reden. Also stellte ich die Klingel ab und tat so, als sei ich nicht mehr da. Nobse brachte mich fast auf die Palme. Er saß nur da, knallte das Dope rein und rührte keinen Finger. War ja auch mein Kopf, den ich hinhielt, und mein Schiff, das immer mehr sank!

Schließlich wurde mir der Boden zu heiß, ich mußte abhauen. Nobse, der ja aus der ganzen Sache draußen war, konnte ungestört auf die Szene. Dort traf er einen Typen, der in Schöningen bei Helmstedt einen Bauernhof gemietet hatte, um dort zu entziehen. Seine Mutter finanzierte die ganze Sache. Der Typ wollte uns mitnehmen. Also packte ich meinen Krempel, alles, was ich so mitnehmen konnte, und ließ Möbel und Wohnung sausen.

Als wir dann in Schöningen ankamen, zeigte er uns das Haus. Viel stand nicht in den Zimmern, aber wenigstens einige Matratzen waren da. Die Mutter von dem Typ war Krankenschwester und wußte genau, was mit ihrem Sohn und uns los war. Den letzten Schuß hatten wir uns schon unterwegs gemacht, nun hieß es durchhalten. In der Nacht fing der Turkey schon langsam an. Nobse und ich unterhielten uns über unsere Zukunft, doch da gab es nichts zu erzählen. Der einzige Traum, den wir träumten, war, clean zu werden. Wieder einmal frei lachen zu können, leben ohne irgendeine Droge, eine Frau haben, die nicht kaputt ist, eine Arbeit, die Spaß macht.

Verdammt, ich wollte endlich wieder leben! Ich mußte an Mutter denken und an das, was ich ihr angetan hatte. Bei dem Gedanken wurde mir ganz anders. Woher konnte ich noch Hilfe erwarten? In dem Zimmer war es urig kalt und feucht, so wie in mir. Am ganzen Körper klebte dieser unerträgliche Schweiß, mal heiß, mal kalt, immer wieder Schüttelfrost, Depression. Nicht auszuhalten. Zum Aufstehen hatte ich keine Kraft mehr. Mein Magen spielte verrückt; wenn ich die Mandrax schluckte, mußte ich würgen. Mann, jetzt ein Schuß, und alles wäre wieder in Ordnung!

Ich quälte mich die ganze Nacht hindurch, bis zum Morgengrauen. Den anderen ging es auch nicht gerade rosig. Ständig quatschten wir davon, wie stark es wäre, einen kleinen Druck zu machen. Dabei stellte sich heraus, daß einer seine Fixe gar nicht weggeschmissen hatte, sondern sie noch im Stiefel trug. Nun war alles wieder klar, wir warfen uns in die Klamotten und kletterten in den VW-Bus. Der Typ wußte, daß in einem kleinen Dorf eine Disko war, wo man Heroin bekommen konnte. Er überredete seine Mutter und bekam Geld, soviel, daß wir ein Päckchen kaufen konnten. Als wir das Dope hatten, fuhren wir ein Stück in den Wald. Um das Heroin aufzulösen, hatten wir extra in einer Coca-Cola-Flasche Wasser mitgenommen. Auf einen Eßlöffel wurde das weiße Pulver gestreut, verdünnt, mit einem Gasfeuerzeug erhitzt und zum Kochen gebracht. Alle drei benutzten wir dasselbe Besteck.

Danach herrschte auch nicht gerade große Freude, denn das Dope war mies. Ich hockte hinten im Bus und stierte vor mich hin. Was hat es denn noch für einen Zweck hierzubleiben? Ist doch alles umsonst! In der nächsten Nacht fuhren wir wieder nach Berlin zurück. Von der Mutter des Typen bekamen wir noch einige Mandrax, die ich gleich schluckte. Als ich so im Auto saß und vor mich hindämmerte, lief die Zeit, die ich bis jetzt erlebt hatte, vor meinen Augen ab.

Wie schön hatte alles angefangen: die Wohngemeinschaft in der Roennebergstraße, die Wochenenden mit Jörg, die Ausbildung als Krankenpfleger, die mir doch irgendwie Spaß gemacht hatte. Ich sehnte mich wieder nach meiner verwilderten Wiese zurück, auf der die vielen Butterblumen blühten, nach dem Kastanienbaum im Hof. Sehnlichst wünschte ich mir, noch einmal geboren zu werden. Dann würde ich alles anders machen.

Doch es gab auch andere Erinnerungen, z.B. wie gemein ich Mutter behandelt hatte, wie ich sie immer angeschrien hatte, wenn sie mir die Meinung sagte. Oder wie ich Sibylle ausgenutzt hatte. Eines Tages war sie in der Fuggerstraße aufgetaucht. Sie hatte erfahren, daß ich dealte, und kam in meine Wohnung. Äußerlich und wohl auch innerlich war sie fix und fertig, nur ein Strich in der Landschaft mit einem gelblichen Gesicht. Wir saßen da, beide süchtig. Schließlich machten wir uns zusammen einen Druck und quatschten über uns.

Einige Tage später kam sie mit einer Freundin wieder. Sie fragte mich, ob ich ihr für eine halbe Stunde die Wohnung überlassen könnte. Ich fragte, warum, und sie erzählte mir, daß vor dem Haus zwei Freier warten würden, die gut bezahlten. Merkwürdigerweise schockte mich diese Begründung nicht einmal. Im Gegenteil, ich verlangte noch einen Anteil. Sibylle schaute mich dabei nur komisch an. Welch ein Schwein war ich doch geworden! Jetzt, hinterher, tut mir diese Erinnerung körperlich weh. Ich könnte heulen. Was hatte sich bloß alles in mir verändert?

Wir waren an der Grenze, die Ausweispapiere wurden kontrolliert, und ab ging es in die Innenstadt. Das gewohnte Bild: Lichtreklame, Autos in Massen, Menschen, Schaufenster. An einer Telefonzelle hielten wir an, und ich telefonierte mit dem Kerl, der mir den Tip mit der Quelle im Dream gegeben hatte. Ich erzählte ihm eine Story in der Hoffnung, daß er noch nichts mitbekommen hatte von dem Link, den ich vorher abgezogen hatte. Ich hatte ihm erzählt, daß wir eine größere Menge kaufen und dann in Westdeutschland verkaufen wollten. Da wir alle an dem Geschäft beteiligt waren, bestand jeder darauf, eine Probe zu bekommen. Gierig knallte ich mir das Zeug in die Vene und war danach wieder glücklich. Am Morgen ließ ich mir noch ein Stanniolbriefchen geben, machte mir einen Druck und verschwand mit den Worten: „Bis heute nachmittag."

Im Grunde genommen wußte ich gar nicht, wohin ich gehen sollte. Ich lief einfach zum Zoo. Nach Hause konnte ich nicht, denn Mutter hätte einen Herzschlag bekommen, wenn sie mich gesehen hätte. Mir fielen Jens und Annette in Lichtenrade ein, und ich beschloß, erst einmal zu ihnen zu fahren. Die Wohnungstür stand wie immer offen, so daß ich ungehindert ins Schlafzimmer kam. Dort staunte ich nicht schlecht, denn der Typ, der neben Jens schlief, war Blacky. Bißchen schwer zu erkennen, weil er so abgemagert war, aber immerhin. Leise weckte ich ihn und freute mich über sein erstauntes Gesicht. Verschlafen schaute auch Jens hoch, sagte kurz: „Hallo, Ralle", und schlief weiter. Blacky zog sich an und ging mit mir in die Küche. Er sah wirklich fertig aus, dünn, Ränder unter den Augen, trotzdem war es noch der alte. Anscheinend freute er sich auch, mich wiederzusehen. Seine erste Feststellung war: „Na, och druf, wa?"

Dann fing er an zu erzählen, von Goa und vom Dope und daß da unten ein Gramm Morphium nur ein paar Mark koste. Dann kam die schärfste Story: Er hatte dort unten einen Mann kennengelernt, der ziemlich groß im Geschäft war. Dieser bot Blacky eine größere Menge Morphium zu einem sehr guten Preis an. Natürlich lockte ihn das Geschäft. Er kaufte 250 Gramm Morphium, das er in Europa wieder verscheuern wollte. Also setzte er sich in eine Maschine und flog nach Kopenhagen.

Das Morphium hatte er in Präservative gestopft und in den Darm gesteckt. Irgendwann nach dem Zoll ging er auf die Toilette und brachte alles wieder heraus. Es muß ein echt mieses Feeling gewesen sein. In Kopenhagen fing er an zu dealen.

Doch schon bald wurde er von der Polizei erwischt und verhaftet. Das Morphium bewahrte er jetzt in einer Puderdose auf, in der früher Körperpuder gewesen war. Bei der Verhaftung wurde ihm natürlich alles abgenommen. Blacky hatte wahnsinnige Angst vor dem Entzug, weil er sich unheimlich hochgedrückt hatte. Nach einem Tag ging es ihm dreckig. Aber dann passierte, wie er sagte, ein Wunder. Ein Wärter brachte ihm alle seine Körperpflegemittel, darunter auch die Puderdose. Von dem Tage an lag Blacky nur noch knülle in der Zelle. Bald darauf wurde er nach Deutschland abgeschoben, wo man ihn allerdings auch noch sucht.

Nun saßen wir beide am Tisch und tauschten alte Geschichten aus.

Langsam stieg wieder die Gier in mir hoch. Blacky merkte es und sagte, daß er mir einen dicken Schuß spendieren wolle. Er holte seine Puderdose und löffelte darin rum. Was er für sich rausholte, hätte mich viermal ins Jenseits befördert. Mir tat er auch ein Häufchen auf den Löffel, sagte dazu aber, daß es anders wirken würde als Heroin. Nachdem er sich den Druck gemacht hatte, spülte ich die Fixe mit Wasser aus und machte sie für mich fertig. Beim Abdrücken wäre ich beinahe unter den Tisch gerutscht. Es war ein Feeling, als würde mir die Birne platzen.

Später fragte ich Jens, ob ich für ein paar Tage bei ihnen wohnen könne, und er hatte nichts dagegen. Die Zeit verging wie im Flug. Mittlerweile stritt ich oft mit Blacky, weil ich kein Dope hatte und ständig bei ihm schnorrte. Eines Abends machte er mir dann den Vorschlag, mit ihm nach Indien zu kommen, dort Morphium zu kaufen und es nach Europa zu schmuggeln. Doch für diesen Plan brauchte ich Geld.

Dann tat ich Dinge, die mir heute noch, nach mehr als sieben Jahren, weh tun. Blacky drängte mich immer mehr, etwas zu unternehmen. Er fragte mich schließlich, ob bei meinem Vater nichts zu holen wäre. Ich wehrte mich gegen den Gedanken, Vater zu beklauen. Aber schließlich rief ich ihn doch an und fragte ganz harmlos, wie es ihm gehen würde. Eine klägliche Stimme antwortete, ich solle doch kommen und ihm helfen. Ich fuhr mit Blacky hin, um das traurigste Bild aller Zeiten vorzufinden. Vater lag auf der Couch, auf der wir früher als Kinder geschlafen hatten. Um ihn herum Unmengen von Schnapsflaschen und Unrat.

Ich hätte heulen können bei diesem Anblick. Gefühle zwischen Haß und Liebe kamen in mir hoch. Ich holte ihm bei „Genger" an der Ecke eine Flasche Schnaps, und er haute sie sich rein. Was war bloß aus unserer Familie geworden! Ich war mit dem Vorsatz hingegangen, Vater zu beklauen. Sibylle ging auf den Strich und war süchtig, Mutter brach vor lauter Kummer fast zusammen.

Nur Sylvia, meine andere Schwester, steckte nicht in irgendeinem Schlamassel. Sie war mit Jürgen glücklich verheiratet und hatte Kinder. Mehr wollte sie nicht.

Als Vater schon angetrunken war, warf ich ihm eine Schlaftablette ins Glas, und nach einer halben Stunde schlief er fest. Ich ekelte mich vor mir selbst, weil ich so geworden war, aber ich fand keinen Ausweg. In der Wohnung befand sich kaum noch ein Gegenstand, der einen größeren Wert besaß. Vater hatte selbst schon viel verkauft. Ich hielt es nicht mehr aus, und wir gingen.

Noch am gleichen Tag versuchte Jens mich davon abzubringen, mit Blacky nach Indien zu fahren. Blakky selbst hatte nämlich gesagt, er würde mich nur für den Schmuggel gebrauchen können. Sonst hätte er keine Verwendung für mich. Es war doch alles zum Kotzen! In was für einem Dreck lebte ich nur? Überall Schlamm, Lüge, Schmutz, Ekel, Betrug! Nach dem, was mir Jens erzählte, hatte ich keine Lust mehr, nach Indien zu fliegen.

11

Tage später passierte dann etwas, was mir einen Tiefschlag versetzte. Blacky und ich kamen gerade von einem Treff mit einem Ausweisfälscher zurück. Unten im Hof stand ein Wagen der Polizei. Blacky kam gleich in Panik und raste in den Keller. Ich ging nach oben. Aus der Wohnung von Jens kam mir ein Typ entgegen, der auch in dem Haus wohnte. Er sagte, die Polizei sei wegen mir da. Mir lief es heiß und kalt über den Rücken. In der Wohnung saßen zwei Beamte auf Matratzen und schauten mich ziemlich verdutzt an.

Und dann kam's: Vater hatte bei einem Arbeitskollegen angerufen und aufgebracht erklärt, daß er mich gerade erschossen und in den Königsee geworfen hätte. Kurze Zeit später stand die Polizei bei ihm vor der Tür. Er öffnete, es kam wohl zu einem Handgemenge, wobei sich ein Schuß löste. Mein Vater wurde in den Bauch getroffen und sank zu Boden. Nachdem alles geklärt war, mußte ich noch meinen Ausweis zeigen, um zu beweisen, daß ich auch Ralf Arndt war. Ich stand da wie eine Marmorstatue. Das konnte doch wohl nicht wahr sein!

Nachher berichteten mir die anderen, die Polizei hätte mich über Fernsehen und Rundfunk gesucht. Eine echt verrückte Story! Vater schwebte noch immer in Lebensgefahr. Später rief ich Mutter an und redete mit ihr. Sie verstand überhaupt nichts mehr. Was in letzter Zeit alles passiert war, war zuviel für sie. Ich gab mir Mühe, ihr sehr glaubhaft zu versichern, daß ich keine Drogen mehr nehmen und daß mir Jens helfen würde.

Was sollte ich jetzt tun? Nochmals einen Entzug anfangen? Aber woher die Kraft nehmen – und für was überhaupt? Unsere Familie existierte längst nicht mehr, mit der Gesellschaft kam ich auch nicht zurecht, weil mir alles so sinnlos vorkam. Alles nur Fassade und Zäune. Und dann ich selbst, wer war ich denn? Diese Frage konnte ich mir selbst nicht beantworten. Ich war einfach zu schwach, fühlte mich zu elend. An diesem Abend knallte ich mich zu, wollte einfach nicht denken, nur noch in Ruhe gelassen werden.

Jens nervte langsam die Situation in seiner Wohnung, und er bekam mächtig Streit mit Blacky. Schließlich kam es soweit, daß Blacky ein Messer zog. Jens rannte die Treppen hinunter, schmiß sich in sein Auto und wollte losfahren. Aber Blacky stürzte auf das Auto zu und stach die Reifen kaputt. Wir packten Blacky und versuchten, ihn zu beruhigen. Mann, das war eine Szene! Fast wie in einem Krimi.

Jens zog die Konsequenzen, packte einige Sachen zusammen und verließ seine Wohnung. Er wollte endlich seine Ruhe haben. Nun stand ich zwischen Jens, den ich sehr mochte, und Blacky, der das Dope hatte. Aber Jens sagte mir, daß er nichts gegen mich habe und ich ruhig in der Wohnung bleiben solle, auch damit ich auf alles ein Auge werfen könne. Eigentlich hatte ich damit gerechnet, daß Jens die Polizei anrufen würde, aber er und Blacky waren immerhin noch alte Kumpel, und das hielt ihn wohl zurück.

Eine Woche später waren Blacky und ich immer noch auf der Suche nach falschen Papieren, um untertauchen zu können, und hatten einen Treff in einem Lokal in Wedding verabredet. Der Treff kam auch zustande, aber Blacky wurde plötzlich ganz weiß im Gesicht. Er tuschelte mir schnell etwas ins Ohr. Auf einmal war mir alles klar. Zwei Tische von uns entfernt saßen zwei Schließer aus der Strafanstalt Plötzensee, aus der er vor einiger Zeit getürmt war. Er rannte in Richtung Ausgang, doch die Beamten hatten ihn schon längst erkannt und stürzten sich auf ihn. Er wurde verhaftet.

Der erste Gedanke, der mir durch den Kopf schoß, war: Jetzt habe ich den Rest vom Dope für mich allein! Ich fuhr sofort nach Lichtenrade und schaute in das Versteck, in dem er das Morphium hatte. Viel war nicht mehr da, aber ich konnte mich damit einige Zeit über Wasser halten.

Es war schon komisch, immer wenn ich Dope hatte, dachte ich nie an Entzug, nur wenn ich knapp war oder andere Schwierigkeiten hatte. Aber eines schwor ich mir: Wenn das Zeug alle ist, dann höre ich auf! Zwei Wochen später war es soweit. Der Vorrat war erschöpft. Jetzt mußte ich Farbe bekennen und begann den Entzug. Die Leute über Jens' Wohnung boten sich an, mir zu helfen. Sie versuchten, mich abzulenken, rauchten mit mir Haschisch, um mir den Entzug zu erleichtert, schluckten auch massenweise Schlaftabletten. Nach drei Tagen ging es mir schon besser, aber immer wieder kam diese unvorstellbare Gier nach Heroin durch. Manchmal hätte ich mit dem Kopf gegen die Wand rennen können, aber das hätte auch nichts genützt. So verging eine Woche ohne Rückfall.

In dem Haus meditierten fast alle, einige machten auch Joga. Eines Abends fragte mich einer, ob ich nicht auch meditieren wollte. Mir war zwar nicht ganz klar, wozu das gut sein sollte, aber ich wollte alles ausprobieren, was Hilfe versprach.

Mir wurde ein sogenanntes Mantra gegeben, das nur für mich bestimmt war. Ich setzte mich so entspannt wie möglich in einen Sessel und sagte mein

Mantra immer wieder vor mich hin. Irgendwie half es mir, entspannter zu werden. Aber dann kam wieder der Gedanke: „Mach dir doch einen Schuß, nur einen!" Ich hätte verrückt werden können. Mann, was sollte ich bloß dagegen machen?

Jens meinte, daß wir mal wieder einen Trip nehmen könnten. Er brachte dann auch zwei Pillen an. Ich fuhr fürchterlich ab. Erst jetzt merkte ich, wie kaputt ich schon war. Durch LSD wurden meine Empfindungen immer stärker, und ich fühlte mich. Ich fühlte, wie sehr ich abgenommen hatte, wie sehr meine Hose um mich herum flatterte. Ich wollte so gern wieder der alte Ralf sein, den ich noch von der Kindheit her kannte. In mir schrie alles nach Hilfe, aber wer konnte mir überhaupt helfen? Jens flippte durch die Wohnung und fiedelte fürchterlich auf seiner Geige herum. Ich hielt es einfach nicht mehr aus!

Am Morgen setzte ich mich in den BVG-Bus und fuhr zur Szene in die Tu-Mensa, ohne Geld und Möglichkeiten, an Dope zu kommen. Es war noch sehr früh, und erst zwei Stunden später wimmelte es von Fixern. Einige kannte ich vom Dream und sprach sie um einen Schuß an, aber die Schweine ließen mich abblitzen. Gegen Nachmittag kreuzte Nobse auf. Ich freute mich wahnsinnig, ihn wiederzusehen. Wir sprachen kurz miteinander, er erfuhr, wie es mir ergangen war und wie es jetzt um mich stand.

Einige Typen kamen auf uns zu und fragten Nobse, ob er noch die gute Tinke hätte. Nobse ging kurz mit den Leuten auf die Toilette und kam nach einigen Minuten wieder hoch. Er dealte also immer noch. Ich bot ihm an, wieder für ihn zu vermitteln. Als Gegenleistung sollte er mir einen Schuß geben. Er war damit einverstanden, und wir gingen auf die Toiletten nach unten. Hier standen ein Haufen Fixer rum, quatschten miteinander über Szene-Neuigkeiten, wer tot war und wer gerade im Gefängnis saß. Ich sah das hier zum ersten Mal und wunderte mich echt!

Nobse und ich gingen auf ein Klo, schlossen ab und zogen die Jacken aus. Ringsherum konnte man Flüche und Gequassel hören. Flüche, weil einer die Nadel nicht in die Vene bekam oder weil er daneben geschossen hatte. Andere schwelgten in ihrem Feeling. Die Klowände waren mit Blutspritzern und doofen Sprüchen verschmiert. Nobse machte sich zuerst den Schuß und gab mir dann die Fixe. Ich wollte rausgehen und die Fixe ausspülen, aber er hielt mich zurück und meinte, das ginge auch im Klobecken.

Mir war inzwischen alles egal, ich drückte den Spülknopf und spülte die Gun aus. Da ich keinen Gürtel hatte, drückte mir Nobse den Arm ab, und ich stach die Nadel in die Vene, die ich ständig benutzte. Der Flash war so stark, daß ich mich auf den Boden sinken ließ. Als wir wieder oben waren, sah ich viele Leute, die ich aus dem Sound und von anderen Läden her kannte. Die meisten von ihnen hatten einmal von sich gesagt: „Ich werde nie drücken!" Und jetzt standen sie hier und vegetierten vor sich hin, genauso wie ich. Nobse erzählte mir, daß zwei Typen, die ich sehr gut kannte, sich zu Tode gedrückt hätten. Mensch, das war kaum zu glauben, der eine hatte im Haus neben mir gewohnt, der andere einige Straßen weiter. Als Kinder kannten wir uns bereits, und jetzt waren sie schon hin.

Hier, auf der Tu-Mensa-Szene, lernte ich das richtige Elend kennen. Ständig mußte die Feuerwehr alarmiert werden, weil sich irgend jemand zuviel gedrückt hatte. Leute mit quittegelbem Gesicht liefen wie Gespenster umher, Linkereien und Gewalt waren an der Tagesordnung. Dazwischen liefen die Türken umher und machten die jungen Mädchen an: „Komm mit, will ..., bekommen fünfzig Mark." Die meisten Bräute hier gingen auf den Strich, um sich ihre Kohle zu verdienen. Die Typen machten Einbrüche, klauten in Kaufhäusern, knackten Autos und Apotheken. Damals hätte ich nie gedacht, einmal selbst so zu werden. Aber die Zeit kam.

Wieder einmal rief ich Mutter an und sagte, daß ich wieder nach Hause kommen wollte, um neu anzufangen. Sie sagte, es sei mein Zuhause und ich solle kommen. Es wurde richtig schön bei ihr. Sie liebte mich noch immer über alles. Der Frage, ob ich noch Drogen nehmen würde, wich ich aus. Ich zeigte ihr den Arm, an dem keine Einstiche waren, und tat noch obendrein beleidigt wegen ihrer Vermutung. In der Zeit, in der ich nicht zu Hause gewohnt hatte, waren einige Briefe von meinem Bewährungshelfer gekommen. Er fragte an, warum ich den Auflagen nicht nachgekommen sei. Außerdem müßte er, wenn ich mich bis zu einem bestimmten Termin nicht melden würde, das Gericht davon unterrichten.

1973 war ich beim Dealen mit Haschisch am Henriettenplatz in Halensee erwischt und verhaftet worden. Man glaubte mir nicht, daß die paar Gramm Haschisch, die ich dabei hatte, für den Selbstverbrauch bestimmt waren. So wurde ich ein halbes Jahr später vom Schöffengericht verurteilt und auf Bewährung entlassen. Ich bekam einen Bewährungshelfer und die Auflage, mich einmal pro Woche bei ihm zu melden. Daraus wurde natürlich nichts.

Doch wenn ich es jetzt nicht tun würde, müßte die Bewährung widerrufen werden, und das wollte ich unter allen Umständen vermeiden. Da ich schon in Lichtenrade entzogen hatte und die paar Schüsse mit Tinke nicht gleich auf einen schweren Entzug schließen ließen, versuchte ich so zu entziehen, daß Mutter nichts merkte. Wenn sie zur Arbeit ging, mußte ich mit ihr aufstehen und wegen der Stellenangebote eine Zeitung holen.

Kaum war sie zur Haustür hinaus, legte ich mich wieder ins Bett. Einige Tage miese Gefühle, und das Gröbste war überstanden. Ich fand sogar Arbeit in einer Schraubenfabrik. Dann ging ich zu meinem Bewährungshelfer, konnte ihm eine Arbeitsstelle vorweisen und erzählte ihm irgendeine Geschichte, warum ich mich nicht gemeldet hatte. Tatsächlich gab er mir noch eine Chance.

Die Arbeit in der Fabrik ging unwahrscheinlich auf die Nerven, eine Arbeit für Hirnkranke. Nach einer Woche, in der ich zweimal zu spät kam, markierte ich einen Unfall. Ich ließ eine Sackkarre hinfallen, haute mit dem Ellenbogen einige Male gegen einen Zementpfeiler und mimte den Schwerverletzten. Der Unfallarzt verschrieb mir eine Woche AOK-Urlaub.

Abends ging ich wieder öfters ins Sound und traf alte Bekannte. Darunter auch Nobses ehemalige Braut Elvira. In die war ich schon verknallt, bevor Nobse mit ihr gegangen war. An diesem Abend lernte ich sie näher kennen. Auch sie drückte ab und zu, versuchte aber ständig, nicht draufzukommen. Wir quatschten so viel von Heroin, bis wir unser Geld zusammenlegten und ein Päckchen kauften. Mit einem Taxi fuhren wir dann zu ihr. Sie wohnte in der Otto-Suhr-Allee, schräg gegenüber vom Schloß Charlottenburg.

Nach dem Druck schliefen wir miteinander, und ich verliebte mich ganz irre in sie. Nur ein Punkt störte mich an ihr. Sie arbeitete in einer Stripteasebar am Kurfürstendamm. Von morgens bis abends waren wir zusammen, und dann ging sie in diesen blöden Laden. Das anfänglich gute Verhältnis kühlte langsam ab. Jeden Morgen quatschten wir über dasselbe Thema: Heroin. Sie legte das Geld auf den Tisch, und ich fuhr mit dem Taxi zur Szene und gleich wieder zurück. Irgendwann ging ihr das wohl auch auf die Nerven, und sie sagte, ich solle doch ein paar Tage wegbleiben.

Na ja, ich ging dann auch. Natürlich hatte ich mich in dieser Zeit wieder raufgedrückt, und die Krankschreibung war auch schon längst abgelaufen. Also stand ich wieder mit nichts da. Ich trieb mich dann von neuem auf der Szene an der Tu-Mensa herum, drückte wieder Tinke und vermittelte Geschäfte.

Wenn ich dann mal genügend Dope zusammen hatte, rief ich wieder bei Elvira an, und wir trafen uns. Manchmal dachte ich, daß ich für diese Frau alles tun würde, um sie zu besitzen. Aber nach und nach merkte ich, daß ich nicht der einzige war, der bei ihr schlief. Eines Tages traf ich bei ihr den Typen, mit dem ich damals das Geschäft am Dream gemacht hatte. Scheinbar mein Nachfolger. Aber wir blieben trotzdem gute Freunde, gerade weil wir einen gemeinsamen Nenner hatten: Heroin.

Ich ließ mich auch mal wieder zu Hause blicken und erlebte gleich eine unliebsame Überraschung. Mutter erzählte, die Polizei hätte schon mehrmals nach mir gefragt. Einmal sogar schon morgens um sechs Uhr. Bestimmt war meine Bewährung widerrufen worden. Da mir wirklich alles egal war, verabschiedete ich mich von Mutter, kaufte mir noch ein paar Zigaretten und ging zum Polizeirevier. Auf der Wache sagte ich nur meinen Namen und daß ich mich hier mal melden sollte. Kaum hatte ich den Namen erwähnt, standen zwei Beamte hinter mir, ich wurde gepackt und in eine Zelle gesperrt. 14 Tage Beugehaft, weil ich die mir auferlegte Geldstrafe nicht bezahlt hatte! Außerdem sollte ich geschockt werden.

In der Nacht transportierten sie mich ins Kaffee Schönstedt in Neukölln. Ich fühlte mich immer mieser, klingelte und verlangte nach einem Arzt. Stunden später betrat dann ein Mann im weißen Kittel meine Zelle, guckte mir in die Augen, sah sich die Arme an und verschwand wieder. Das war alles, was ich je von dem Mann gesehen und gehört habe.

Mir ging's wirklich schlecht. Ich rollte mich in meine Decke ein, um nicht zu frieren, aber ob mit oder ohne Decke, das war sowieso egal. Am nächsten Morgen hätte ich fast gelacht, wenn es mir nicht so schlecht gegangen wäre. Als Frühstück bekam ich einen Becher Wasser mit trockenem Brot! Was sollte der Quatsch? Es sollte wohl eine Art schockierender, pädagogischer Maßnahmen sein. Nach drei Tagen durfte ich zum ersten Mal auf den Hof zum Rundgang. In der Runde ging auch ein kleiner Junge, der ein Mofa geklaut hatte und zu einem Wochenende Schönstedt verurteilt worden war. Nachts konnte man ihn heulen hören, ich weiß nicht, ob das überhaupt vertretbar war.

Rauchen war natürlich verboten, und das fand ich am schlimmsten. Am nächsten Tag suchte ich den Direktor auf und diskutierte mit ihm über das Rauchen. Nach einigem Hin und Her verschrieb er mir aus therapeutischen Gründen eine Zigarette pro Tag.

Vierzehn Tage später wurde ich entlassen, ging erst einmal in ein Café und bestellte mir eine Cremetorte und Bohnenkaffee. Der zweite Weg führte mich zur Szene. Ich konnte mir einen Druck schnorren und fuhr erst gegen Abend zu Mutter. Als sie mich sah, war sie nicht gerade erfreut. Sie sah sofort an meinen Augen, daß ich irgend etwas genommen hatte. Ich fand es selber doof von mir, nach vierzehn Tagen wieder gedrückt zu haben. Trotzdem nahm ich mir fest vor, neu zu beginnen. Gleich am nächsten Tag machte ich mich auf die Suche nach Arbeit und fand auch eine als Lagerarbeiter.

Mutter hatte schon seit langem einen Freund, mit dem sie zusammenziehen wollte. Für mich bot sich die Gelegenheit, seine Wohnung zu übernehmen. Nach ca. 2 Wochen zog ich tatsächlich nach Neukölln in die Erlanger Straße. Er ließ noch eine Menge Möbel zurück und auch das Geschirr. So hatte ich fast alles, was man braucht. Nur der lange Weg von Neukölln zu meiner Arbeitsstelle in Spandau nervte mich.

Die erste Zeit ging alles gut. Zur Einweihungsfete lud ich die Lichtenradener ein. Sogar Nobse, der zu meiner Überraschung auch entzogen hatte, kam. Die Fete war ordentlich, und ich fühlte mich seit langer Zeit wieder einmal gut. Nobse fragte mich, ob er nicht zu mir ziehen könne, und erinnerte dabei an den geheimen Pakt, den wir mit unserem Blut unterschrieben hatten. Ich sprang sofort auf die Idee an, und er holte nach und nach seine Sachen.

Aber lange ging die Sache natürlich nicht gut. Weil er nicht arbeitete, nur rumhing und kaum was brachte, stritten wir oft. Eines Abends kam ich kaputt nach Hause, die Wohnung war gut aufgeräumt, und Nobse in bester Laune. Irgendwie kam mir die Sache verdächtig vor, und ich versuchte, in seine Augen zu schauen. Tatsächlich, er hatte sich einen Druck gemacht. Als ich ihm sagte, für mich sei das eine echte Sauerei, wollte er mir weismachen, er hätte nur gekifft.

Ich war so sauer, daß ich mich an dem Abend total besoff. In der letzten Zeit trank ich überhaupt sehr viel, was den anderen nicht verborgen blieb. Aber irgend etwas braucht doch der Mensch, die einen kiffen – und ich soff eben. Nach diesem Vorfall mit Nobse dauerte es nicht mehr lange, und ich setzte mir wieder den ersten Druck. Es war einfach nicht zu schaffen, endgültig davon loszukommen. So fiel alles wieder wie ein Kartenhaus zusammen. Zuerst verlor ich die Arbeit, danach verscheuerte ich Dinge, die Mutters Freund gehörten. Allmählich begriff ich, daß alle meine Anstrengungen keinen Sinn hatten. Ich ließ mich treiben wie ein Stück Holz im Wasser.

Allmählich hob ich mehr Geld von meinem Konto ab, als drauf war, und verdrückte alles. Von Nobse wußte ich, daß ein paar Straßen weiter auch ein Junkie wohnte. Er war Briefträger und hatte meistens einige Gramm in seiner Wohnung, weil er so stark süchtig war. Für uns wurde es immer schwerer, das Dope zu finanzieren. Eines Morgens waren Nobse und ich so verzweifelt, daß wir versuchten, die Tür zur Wohnung des Briefträgers aufzubrechen. Aber es klappte nicht. Schließlich rannte Nobse verzweifelt in den Hof und zerschlug das Fenster im Tiefparterre mit dem Ellenbogen. So kamen wir in die Wohnung. Als wir das begehrte Dope gefunden hatten, machten wir uns schnell aus dem Staub.

Zu Hause in der Erlanger Straße stellten wir fest, daß über eineinhalb Gramm in der Schachtel waren. Gierig machten wir uns einen Schuß, danach war Blackout. Beide wurden wir ohnmächtig! Nobse erwachte zuerst wieder. Ich lag noch mit blauen Lippen auf dem Fußboden. Er schüttete mir kaltes Wasser ins Gesicht und brachte mich wieder auf die Beine. Wir hatten noch einmal Glück gehabt! Innerhalb kürzester Zeit war alles verdrückt, was wir geklaut hatten, und ich saß mit einem Turkey in der Wohnung. Nobse war nach Hause gefahren und ließ sich von seiner Mutter verhätscheln. Mann, der konnte von Glück sagen bei solchen Eltern!

Nach und nach verscheuerte ich fast alles aus der Wohnung, was noch Geld brachte, u.a. auch zehn Tonbandkassetten, die mit alten Erinnerungen von Mutters Freund bespielt waren. Diese Sache kann er mir bis heute nicht vergeben, obwohl ich keine Ahnung davon hatte, mit was die Bänder bespielt waren. Ich saß jetzt oft in der kalten Wohnung ohne Essen und ohne Heroin. In der Nacht hatte ich immer wahnsinnige Angst, ließ das Licht brennen oder hörte Musik aus dem Radio, das zu alt war, um es zu verkaufen. Ich hatte keine Hoffnung mehr.

Dann passierte eine ganz fiese Sache. Ich war so fix und fertig, so depressiv, daß ich zu allem bereit war. Gerade an dem Tag kam Nobse. Er war in der gleichen Stimmung wie ich. Wir überlegten uns, wie wir zu Geld kommen könnten, und hatten eine furchtbare Idee: Wir wollten einen Überfall auf einen Laden machen. In der Wohnung fand ich eine Stange, die ich mit einer Eisensäge halbierte und am Ende mit Hansaplast umwickelte.

Nobse und ich schauten uns gar nicht in die Augen, jeder vermied es, darüber auch nur ein Wort zu verlieren. Beide wußten wir, daß wir in eine Sackgasse gerieten. Unten auf der Straße suchten wir nach einem passenden Laden, irrten durch die Gegend, getrieben von der Gier nach Geld, um Heroin kaufen zu können. Schließlich fanden wir einen kleinen Laden, schauten uns verstohlen um, und ich ging hinein.

Hinter dem Ladentisch stand eine alte Frau, die freundlich fragte: „Was darf es sein?" Ich brachte es nicht fertig, die Frau anzugreifen, nuschelte irgend etwas und ging raus. Draußen fragte mich Nobse, was los sei. Aber ich konnte kaum sprechen vor Herzklopfen. Nun blieb ich draußen, um Schmiere zu stehen, und Nobse ging rein.

Aber auch er kam nach einigen Minuten wieder raus. Er sagte mit klopfendem Herzen, daß er beinahe zugeschlagen hätte, als er aus dem Nebenraum eine Stimme hörte. Ich hätte mich am liebsten selbst umgebracht, so verzweifelt war ich. Mir war jetzt alles, aber auch alles egal. Wir beschlossen, zur Szene zu fahren, um einen Dealer abzulinken.

Nach einigem Suchen fanden wir einen Typen, der Heroin hatte. Ich quatschte etwas von zwei Päckchen kaufen, und er kam mit. Etwas abseits der Szene gingen wir in einen Hausflur. Irgend etwas muß er wohl geahnt haben, denn in seinen Augen war deutlich Unruhe und Angst zu sehen, und bei uns wahrscheinlich auch. Wir gingen ein paar Treppen hinauf und sagten ihm, er solle das Dope herausrücken, sonst müßten wir ungemütlich werden. Er fragte mit zitternder Stimme, ob wir eine Meise hätten, und drohte, er würde schreien, wenn wir ihm etwas tun würden. Aber in mir schrie die Verzweiflung. In seiner Tasche war Heroin, und das mußte ich haben.

Er wollte die Treppe hinunterlaufen, aber Nobse stellte sich ihm in den Weg. Der Typ begann um Hilfe zu rufen. Ich rastete völlig aus, griff nach hinten in den Hosenbund und zog die Stange heraus. Als er sich umdrehte, knallte ich ihm die Stange auf den Hinterkopf. Ich sah nur noch das Blut, das aus seinem Kopf floß. Er schrie und schrie, hielt sich den Hinterkopf, warf sich auf den Boden, rollte sich zusammen wie eine Kugel. Das Heroin hielt er dabei krampfhaft in seinen Händen. Immer wieder drosch ich mit der Stange auf ihn ein. Nobse versuchte an das Heroin heranzukommen. Und auch er schlug mit zu. Der Typ schrie und schrie weiter. Wir merkten gar nicht, daß schon Leute im Treppenflur standen, gafften und nach der Polizei riefen. Nichts bekam ich mehr mit, ich sah nur die vor Panik weit aufgerissenen Augen des Dealers und das Blut, das über sein Gesicht lief. Ich konnte einfach nicht mehr denken.

Kurz danach kam die Polizei. Wir mußten zur Überprüfung unserer Personalien in ein Polizeiauto steigen. Der Dealer wurde gleich ins Krankenhaus gefahren, und nachdem die Zeugen verhört worden waren, wurden wir verhaftet. Zuerst kamen wir in Einzelzellen in die Polizeiwache am Zoo. Unterwegs im Auto krümmten wir uns ständig vor Lachen, aber es war wohl mehr ein Verzweiflungslachen. Der eine Polizist sah uns total erstaunt und sauer an und meinte: „Euch wird das Lachen schon vergehen."

Er behauptete, wir hätten mit einer Anzeige wegen versuchten Totschlags zu rechnen. Nun kam ich in Panik. Sollte der Typ auch noch sterben, dann würde ich wegen Mordes angeklagt. Die ganze Zeit in der Zelle machte ich mir Gedanken über alles, was geschehen war. Ich merkte, daß ich mich total verändert hatte, daß die Droge mich in eine Bestie verwandelt hatte und mich völlig beherrschte.

Nachts kamen noch zwei Kripobeamte in die Zelle und verhörten mich. Der Frage, wie es dem Typen ging, wichen sie immer aus. Auch sie meinten, daß eine Anklage wegen versuchten Totschlags oder schwerer Körperverletzung auf mich wartete. Die Angst, die Verzweiflung und das Bewußtsein, vor dem Abgrund zu stehen, ließen mich an Selbstmord denken. Wozu noch leben? Es ist doch alles verpfuscht, niemals mehr würde ich auf die Beine kommen.

Wieder lief ein Film vor mir ab. Renate und Gabi tauchten auf. Beide waren jetzt schon am Drücken und verdienten sich ihr Geld dazu in der Triangel, einer Bar, in der nackt getanzt wurde, und nicht nur das. Noch vor eineinhalb Jahren hatte Renate Heroin verflucht. Und wie diese Mädchen waren viele andere, die ich von der Szene kannte – nicht mehr als ein Haufen Müll.

Was war aus meinen Bedürfnissen nach echter Liebe, Geborgenheit, nach Sinn und Verstehen geworden? Sie waren immer noch da, das Verlangen wurde sogar immer stärker. Aber was ich mir wünschte und das, was ich empfing, waren total verschiedene Dinge. Manche Drogen vermittelten mir ein Gefühl der Geborgenheit oder des Glücks, aber es war eben nur ein Gefühl, das zu selten da war. Könnte ich noch einmal von vorn beginnen, ich würde niemals mehr Drogen nehmen, auch nicht die sogenannten harmlosen wie Haschisch. Aber was soll's, jetzt war es zu spät.

Wir wurden weitertransportiert in die Gothaerstraße in Schöneberg und mußten dort noch eine Nacht bleiben. Hier sollte entschieden werden, ob wir in Untersuchungshaft bleiben oder vorübergehend auf freien Fuß gesetzt werden sollten. Nach einem weiteren Verhör durfte ich nach Hause gehen. Ich erfuhr auch, daß es dem Dealer relativ gut ging. Er sei nach ambulanter Behandlung noch am selben Tag aus dem Krankenhaus entlassen worden. Mir fiel ein Stein vom Herzen, als ich das hörte. Außerdem hatte der Typ keine Anzeige erstattet. Warum, konnten sich die Beamten bestimmt denken, denn sie wußten, daß ich ein Fixer war und der andere ein Dealer. Aber sie hatten bei ihm nichts gefunden, und so blieb es eben bei einer Schlägerei mit Körperverletzung.

Ich erhielt meinen Ausweis zurück und verließ das Gebäude.

12

Zu Hause, wenn man die Wohnung, aus der ich fast alles verkauft hatte, noch als ein Zuhause bezeichnen konnte, hörte ich wieder diese innere Stimme: „Nur ein Druck, und es geht dir wieder gut." Also ging's ab auf die Szene. Ich suchte nach Leuten, die ich um einen Schuß anhauen könnte, aber nichts war zu machen. Endlich traf ich ein Mädchen, das ich aus dem Sound kannte. Die Begrüßung war überaus herzlich, was in mir wieder die Hoffnung weckte, einen Druck von ihr zu bekommen. Ich erzählte ihr, daß ich in der Gothaerstraße gesessen habe und nun unbedingt einen Schuß brauche, um wieder klarzukommen. Wir gingen auf die Toiletten, wo sie mir einen dicken Schuß machte. Lange blieben wir auf dem Klo und träumten davon, wie es sein würde, wenn man clean wäre.

Plötzlich machte sie mir ein starkes Angebot: ich sollte mit ihr nach Dänemark fahren, um dort einen neuen Versuch zu starten. Zuerst dachte ich, sie wolle mich auf den Arm nehmen, doch es war ihr ernst. Noch am selben Tag fuhren wir los, ohne Koffer und so. In ihrer Tasche hatte Gabi noch einen Riesenvorrat an Medikamenten, Nembutal, Valoron, Valium und anderes Zeug. Da kann ja kaum was schiefgehen, dachte ich.

Nach einer sehr langen Fahrt kamen wir in Kopenhagen an und nahmen noch einen Zug nach Jeverböck. Sie kannte diese Stadt und die Umgebung seit ihrer Kindheit und fand es sehr schön dort. Unterwegs stritten wir uns bereits um Nebensächlichkeiten.

Ab und zu schluckten wir Valoron, um nicht schon im Zug auf Turkey zu kommen. Endlich waren wir da und suchten nach einer Pension. So ganz nebenbei erzählte Gabi, daß sie nur noch ein paar Mark hätte. Ein Freund wollte ihr angeblich Geld nachschicken. Wohl fühlte ich mich nicht dabei.

Nach einigem Suchen fanden wir eine schöne kleine Unterkunft und bekamen ein Zimmer mit zwei Betten. Von dem Moment an, als ich mich ins Bett legte, bis zu dem Zeitpunkt, als ich im Krankenhaus am Tropf wieder aufwachte, kann ich mich an nichts mehr erinnern. Bevor ich mich ins Bett gelegt hatte, schluckte ich einige Nembutal. Mit der Zeit merkte ich nicht mehr, wieviel ich von diesem Zeug schluckte. Irgendwann war ich dann überdosiert. Eine Schwester, die sehr gut deutsch sprach, erzählte mir, daß ich schon auf dem Weg ins Jenseits gewesen war. Hätte Gabi nicht bemerkt, daß ich schon weggetreten war, wäre ich in der Pension gestorben. Ich muß im Rausch wohl Unmengen von den Tabletten genommen haben.

Wenig später kam die Polizei, weil bei uns der ganze Berg Medikamente und bei Gabi auch noch ein Spritzbesteck gefunden worden war. Am nächsten Tag holte uns die Polizei ab zum Verhör aufs Revier. Wenig später wurden wir nach Deutschland abgeschoben und dort gleich wieder von der Polizei in Empfang genommen und nochmals verhört. Ein Arzt, der uns untersuchte, machte uns das Angebot, in der Nähe von Puttgarden in einer Klinik zu entziehen und eine Therapie zu beginnen. Aber wir wollten nicht. Also bekamen wir noch eine Fahrkarte nach Berlin, und eine Stunde später fuhren wir los.

Na ja, in Berlin angekommen, fing alles von vorne an. In die Wohnung traute ich mich nicht mehr. Bestimmt hatte der Freund meiner Mutter schon alles bemerkt, und außerdem wollte ich die Briefe von der Bank und vom Gericht gar nicht erst sehen. Bestimmt hatte die Bank, bei der ich mein Konto überzogen hatte, einen Gerichtsvollzieher vor die Tür postiert. Auf der Szene traf ich Sibylle, die mir sagte, wo sie gerade wohnte. Am nächsten Tag ging ich hin und wohnte eine Zeitlang bei ihr.

In dem Haus waren die Mieter fast alles junge Leute. Einige studierten, andere gingen noch zur Schule, und nur wenige gingen arbeiten. Als Sibylle einmal fix und fertig gewesen war, hatte sie einige Leute aus diesem Haus getroffen. Die boten ihr an, bei ihnen zu wohnen, und meinten, alles andere würde sich schon einrenken. Auch ich fühlte mich hier wohl, obwohl sich nach kurzer Zeit Schwierigkeiten einstellten. Meine Schwester und ich erzählten uns viel von der alten Zeit und wie sich alles entwickelt hatte. Mal brachte ich dazu etwas Heroin mit, mal sie.

Einmal bekamen wir Heroin von jemandem, der im Haus zu Besuch war. Ich besorgte eine Fixe, und wir knallten das Zeug rein. Dabei hatte ich wohl ein bißchen zuviel erwischt. Jedenfalls fiel ich um und wurde ohnmächtig. Was für eine Hektik das auslöste, kann man sich ja vorstellen. Sibylle schüttete mir Wasser ins Gesicht, schrie mich an und bedachte mich mit den übelsten Schimpfwörtern.

Als ich langsam zu mir kam, kapierte ich gar nicht, was überhaupt los war. Immer wieder schrien mich Sibylle und eine andere Braut an. Mir kam alles so komisch vor. In meinem Kopf war alles neblig, unklar und wie betäubt. Ich rannte aus dem Zimmer in die Küche, holte ein Messer und schloß mich ein.

Was in diesem Moment in meinem Kopf ablief, war eine Kurzfassung dessen, was ich bis dahin erlebt hatte. Ich setzte das Fleischmesser ans Handgelenk und zog durch. Sofort wurde alles rot von Blut. Als ich wieder einen klaren Moment hatte, hörte ich draußen die Feuerwehrsirenen und sah zuckendes Blaulicht. Voller Panik versuchte ich aufzuspringen, aber meine Knie knickten immer wieder ein. Ich hatte Angst, mächtige, unsagbare Angst.

Schließlich schleppte ich mich auf den Balkon. Aber der Versuch abzuhauen endete damit, daß ich umkippte und liegenblieb. Dann sah ich zwei Feuerwehrleute, die auf mich einredeten und mich beruhigen wollten. Überall standen Neugierige und Gaffer herum. In mir drehte sich alles. Ich kam mir vor wie auf einem Karussell. Plötzlich tauchten auch Jens und Annette auf und fragten, was los sei. Sie versprachen, mir zu helfen.

Ich wurde erst im Operationszimmer wieder wach. Irgend etwas wurde an mir gemacht. Die zwei Ärzte, die an mir herumfummelten, unterhielten sich über mich. Der eine sagte: „Laß doch den Penner, aus dem wird sowieso nichts mehr." Der andere antwortete: „Ich bin Arzt und werde, so gut ich kann, das Handgelenk wieder zusammenflicken." Danach sackte ich wieder weg und wachte erst am nächsten Morgen auf. Annette und Jens holten mich ab. Wie sehr mich das freute, kann sich keiner vorstellen.

Ich wohnte bei ihnen und fand ein Stück Oase. Für die erste Zeit versuchte ich alles Geschehene zu vergessen, aber das Problem der Sucht war immer noch da. Vor allem zeigten sich jetzt Nachwirkungen, die mir vorher gar nicht aufgefallen waren. In der Gemeinschaft mit anderen fühlte ich mich minderwertig und hatte wahnsinnige Komplexe. Eine entsetzliche Angst vor fremden Menschen machte mich immer unsicherer und verschlossener. Nur wenn ich Alkohol getrunken hatte, war ich einigermaßen gut drauf.

Trotz meiner Probleme bahnte sich zwischen Annette und mir eine Freundschaft an. Jens hatte gerade ein anderes Mädchen kennengelernt, das er heiraten wollte. Er wollte gern aufs Land ziehen und dort einen Bauernhof mieten. Meistens ist es wegen der Moral auf dem Lande einfacher, wenn ein Ehepaar sich bewirbt. Annette war von der Idee begeistert. Auch ich wollte raus aus dem Großstadtgrauschleier – aber heiraten, Partnerschaft und Ehe? Ich war mir völlig unsicher. Annette war schon eine starke Frau, aber konnte sie mich, der ich so kaputt war, verkraften? Natürlich sehnte ich mich nach einem Gegenüber, nach körperlicher Liebe und Zärtlichkeit. Gerade dieses Bedürfnis war am stärksten, obwohl es durch die Droge total verdrängt worden war. Aber mit dem Entzug wuchs dieses Bedürfnis ins Unermeßliche.

Annette und ich lernten uns von Tag zu Tag besser kennen. Ich wohnte jetzt in ihrer Wohnung unter dem Dach und fühlte mich echt wohl. Nur manchmal dachte ich, daß sie vielleicht nur aus Mitleid mit mir hier zusammenlebte. Außerdem störte mich, daß mir in der Wohnung nichts gehörte. Alles war ihr Eigentum. Ich fühlte mich einfach unsicher, auch wenn sie mir dazu keine Veranlassung gab. Nichts hatte ich, nur mich selber, und das war auch nicht gerade viel. Noch nicht mal die Klamotten an meinem Körper gehörten mir.

Annette hatte einen Bruder, der homosexuell war. Aber mir war das egal; ich meinte, jeder solle nach seiner Fasson selig werden. Wir besuchten ihn ab und zu, und weil er gerade eine Ausbildung als Krankenpfleger absolvierte, zog er mir auch die Fäden am Handgelenk. Er meinte, der Arzt hätte die Sehnen nicht richtig zusammengeflickt, und ich könnte die Hand glatt vergessen. Trotzdem verordnete er mir jeden Tag Handübungen, um nicht noch mehr zurückzubehalten.

Nach einigen Wochen ging ich wieder auf Arbeitsuche und bekam eine Stelle als Kesselbauhelfer. Ich war echt erstaunt darüber, daß ich etwas zustandebringen konnte. Langsam stieg mein Selbstwertgefühl. Ich konnte mich mehr und mehr entfalten. Bloß wenn es irgendwie Trouble gab, kam der Wunsch nach einem Schuß hoch. Obwohl mich das Kiffen immer unsicher gemacht hatte, rauchte ich trotzdem mit, irgend etwas mußte unbedingt in den Kopf.

An meinem Arbeitsplatz hatte ich einen Kollegen, der Alkoholiker war. Schon morgens zog er sich das erste Bier rein. Ansonsten war der Typ ganz in Ordnung, bloß daß ich den Bierholer spielen mußte, wurmte mich. In einer Mittagspause erzählte er mir dann, er würde immer nur Bier trinken. Nie Schnaps oder Fusel. Schon morgens brauchte er, um überhaupt arbeiten zu können, sein Bier.

Weil die Gelegenheit so günstig war, trank ich des öfteren einige Gläser mit. Mehr und mehr fand ich Gefallen am Alkohol und kaufte selbst mal eine Runde. Häufig fuhr ich dann etwas wackelig auf dem Fahrrad nach Hause. Annette machte mich ständig wegen meiner Bierfahne an. Diese Bevormundung kotzte mich immer mehr an, alles stank mir, ich wollte abhauen. Aber meistens vertrugen wir uns dann wieder.

Schließlich war es doch soweit, wir wollten ernst machen und heiraten. Es sollte eine Doppelhochzeit werden, aber im kleinen Rahmen. Bei dem Gedanken wurde mir schon komisch: Ralf und heiraten! Aber vielleicht konnte es für mich ein Schritt in ein neues Leben sein. Wir bestellten das Aufgebot, und am 12. August 1975 heirateten wir.

Mutter kam nicht zur Hochzeit, nur meine Cousine Margrit und meine Schwester Sylvia waren da. Ich weiß noch genau, wie wir vor dem Standesbeamten standen. Jens und ich im lockeren, weißen Nesselanzug, die Frauen im einfachen Wickelrock mit T-shirt. Als der Beamte mich fragte, ob ich Annette das Ja-Wort geben wollte, wurde mir erst so richtig klar, was das für mich bedeuten würde. Jedenfalls meinte ich „Ja", als ich es sagte. Es war für mich ein Wort voller Hoffnung. Auch die anderen gaben sich das Ja-Wort.

Im Haus fand eine kleine Feier statt, bei der ich mich schon fragte, ob Annette es wirklich ernst meinte, oder ob es nur ein kleines Erlebnis am Rande war. Die sogenannte Hochzeitsnacht verlief jedenfalls total anders, als ich es mir vorgestellt hatte. Sie ließ mich liegen wie einen Eiswürfel, obwohl ich mir die größte Mühe gab, zärtlich zu sein. Was war los? Wer war diese Frau neben mir eigentlich? Spielte sie nur ein Spielchen mit mir oder hatte sie mich etwa aus Mitleid geheiratet? Eigentlich war es mir wurst, daß sie mich abblitzen ließ. Nur die Art und Weise verletzte mich.

Unsere Beziehung wurde von Woche zu Woche kühler, und ich fing aus Enttäuschung an, häufiger zu trinken. In unser Haus zog Thomas ein, bei dem Sibylle einmal gewohnt hatte. Er hatte eine Freundin, in die er sehr verliebt war, bis sie eines Tages abhaute und Schluß machte. Weil er so fertig war, versuchte ich ihm zu helfen, und besorgte ihm die unterste Wohnung, in der bis dahin eine alte Dame gewohnt hatte, die dann ins Altersheim umzog. Thomas lebte sich langsam ein und kam allmählich über das Ganze hinweg. Doch dann kam der Hammer.

Wie so oft saßen wir bei Jens und hörten Musik. Es herrschte eine frostige Atmosphäre. Annette saß in einer Ecke und quatschte mit Thomas, Jens hatte miese Laune, und ich war innerlich total verletzt. Am Nachmittag hatte mir Annette, als ich sie fragte, warum sie so abweisend sei, ins Gesicht gesagt, daß sie mich gar nicht näher kennenlernen möchte. An diesem Abend nahm ich ein paar Valium, um vor mir selbst zu flüchten. Scheinbar schlief ich darüber ein. Als ich später aufwachte, war Annette nicht mehr da. Jens war sauer auf mich, weil ich Valium geschluckt hatte, und ließ mich gefühlsmäßig abblitzen.

Ich schleppte mich nach oben, um nochmals mit meiner Frau zu sprechen, aber sie war nicht da, und so legte ich mich schlafen. Bis zum frühen Morgen kam Annette nicht ins Bett. Und dann begriff ich allmählich. Ich stand auf, ging nach unten zu Thomas. Was ich in seinem Zimmer sah, machte mich beinahe zur Bestie: Die beiden lagen nackt im Bett und schauten mich an, als ob es eine Frechheit von mir wäre, sie zu stören.

Wäre ich innerlich nicht so ohnmächtig gewesen, hätte ich meinem Haß freien Lauf gelassen und beide zusammengeschlagen. Aber ich schloß nur die Tür, ging nach oben, schloß mich ein und heulte wie ein kleines Kind. Jetzt war ich ganz allein, selbst das bißchen Hoffnung und Vertrauen, das ich noch zu einem Menschen gehabt hatte, war zerstört. Ich nahm Geld aus unserer Kasse und fuhr zur Szene.

Am Abend kam ich vollgedrückt zurück. Jens hatte die ganze Zeit auf mich gewartet, weil er ahnte, was passiert war. Seine Frau und er versuchten mit mir ins Gespräch zu kommen, aber immer, wenn ich etwas sagen wollte, verkrampfte sich alles in mir. Tränen der Verzweiflung rollten mir übers Gesicht. Ich konnte einfach nicht reden.

Annette war so großzügig, mir die Wohnung zu

überlassen, und zog nach unten zu Thomas. Die anderen Leute im Haus versuchten die Situation zu verstehen. Ich selber verstand nichts mehr.

13

Mit aller Anstrengung versuchte ich trotz allem, mir mein Leben aufzubauen. Aber ich hatte ungefähr soviel Standfestigkeit wie ein nasser Sack. Weil ich nichts mehr sehen und hören wollte, ging ich zum Arzt und ließ meine Knie untersuchen. In der letzten Zeit hatte ich Schmerzen in den Kniegelenken gehabt, und er fragte mich, ob ich zu einer Operation bereit wäre. Mir kam das Ganze sehr gelegen, und so ging ich einige Tage später ins Rudolf-Virchow-Krankenhaus. Zu dieser Zeit war ich nicht körperlich abhängig, weil ich nur etwa alle zwei Tage mal einen Schuß machte, und bevor ich ins Krankenhaus ging, hatte ich eine Woche lang überhaupt nichts mehr genommen.

Ich wurde dann an beiden Knien operiert und sollte einige Wochen in der Klinik bleiben. Als ich aus der Narkose aufwachte, standen einige Leute aus der Lichtenradener Clique an meinem Bett, darunter waren auch Annette und Thomas. Am liebsten hätte ich die Krankenschwester gebeten, mir nochmals eine Narkose zu geben. Ich wollte doch endlich alles vergessen. Wie fast jeder, der im Krankenhaus liegt, bekam ich Obst, Blumen und Saft. Dazu gab es noch etwas Ungewöhnliches: ein Stück Haschisch. Aber die Stimmung im Zimmer war gereizt. Nach ein paar Minuten kam die Schwester, und der ganze Besuch mußte gehen. Warum waren Annette und Thomas gekommen? Wollten sie mich fertig machen? Hatten sie ein schlechtes Gewissen?

Im Krankenhaus trank ich Unmengen Alkohol,

und als ich schon wieder laufen konnte, schlich ich mich abends ins Sound und törnte Heroin. Um Geld brauchte ich mir vorläufig keine Sorgen zu machen, ich war ja krank geschrieben, und mein Geld lief weiter. Als ich entlassen wurde, versuchte ich wieder einigermaßen zurechtzukommen und die Episode mit Annette zu vergessen. Sie und Thomas blieben weiterhin in der Parterre-Wohnung zusammen, und ich vegetierte vor mich hin. Ab und zu drücken, mal saufen, mal Tabletten. So verjubelte ich mein ganzes Krankengeld, bezahlte die Miete nicht mehr, borgte mir von überallher Geld und drückte schließlich wieder jeden Tag.

So dauerte es natürlich nicht lange, bis ich es mit allen Leuten verscherzte. Also hatte Annette mit ihrer Behauptung, mit mir würde es sowieso schiefgehen, recht behalten.

Danach stieg ich wieder voll in die Szene ein, lebte dort von morgens bis abends und schlief mal hier, mal da. In dieser Phase lernte ich die Tiefen eines Junkiedaseins kennen, machte Dinge, an die ich vorher niemals gedacht hätte. Hier lernte ich, wie man Menschen betrügen, bestehlen und ausnutzen kann. Das alles geschah mit den fiesesten Mitteln. So etwas wie ein Gewissen hatte ich nicht mehr.

Es gab nur noch das Feeling der Drogen, alles andere starb immer mehr ab. Ich hatte mit meinem Leben abgeschlossen, wartete nur noch darauf, daß es mich eines Tages erwischen würde und ich an einer ungewollten Überdosis zugrunde gehen würde. Wenn mir Menschen mit Freundlichkeit und Vertrauen begegneten, dann nur, weil ich gut den Vertrauenswürdigen spielen konnte. Dadurch ergaben sich günstige Gelegenheiten, andere übers Ohr zu hauen. Einmal ließ mich ein Mädchen in ihrer Wohnung übernachten.

Als sie am nächsten Morgen zur Arbeit ging, klaute ich ihre Schecks einschließlich der Scheckkarte. Ich brachte es fertig, fünf davon einzulösen und mehrere tausend Mark einzustecken. Das meiste von dem Geld legte ich in Heroin an, um meinen Vorrat für längere Zeit zu sichern.

Fast alle drei Stunden machte ich einen Druck. Manchmal fühlte ich nicht einmal mehr das Feeling, nur wenn ich die Dosierung erhöhte, wirkte das Heroin noch. Ich drückte mich sinnlos hoch und bekam es mit der Angst zu tun, als ich nur noch etwas mehr als tausend Mark hatte. Es mußte etwas geschehen.

Da kam ich auf die Idee, nach Griechenland zu fliegen und alles hinter mir zu lassen. Irgendwo in einem Dorf am Meer entziehen und ein einfaches Leben führen – das wurde mein Traum. Fern von der Großstadt, weg von Annette, Thomas und Jens, von der Szene und der kaputten Menschheit, nur weg und unter allen Umständen wieder leben! In der Sonnenallee ging ich in ein Reisebüro, fragte nach den Kosten und wann eine Maschine fliegen würde. Kurz entschlossen kaufte ich ein Ticket, und drei Tage später sollte es losgehen. Auf der Szene ließ ich mich nicht mehr sehen, holte nur kurz Dope und verschwand wieder.

Die, wie ich meinte, letzte Nacht auf der Szene brach an. Ich ging zu Norbert, Sibylles ehemaligem Mann. Sie selbst saß zu dieser Zeit im Gefängnis in der Lehrter Straße. In dieser Nacht verknallte ich nochmals Heroin für zweihundert Mark. Am Morgen war ich dann noch so voll, daß ich den Wecker nicht hörte. Hätte Norbert mich nicht geweckt, dann wäre wohl alles zu spät gewesen. Ohne mich zu waschen, packte ich meine kleine Tasche, schmiß mich ins Taxi und fuhr zum Flughafen. Als ich in die Halle stürzte, hörte ich den letzten Aufruf für meine Maschine. Etwas finster schaute man mich an, als ich so verwurstelt meinen Ausweis und das Ticket über die Theke reichte.

Endlich saß ich in der Maschine. Jetzt erst fing ich an darüber nachzudenken, was ich im Begriff war zu tun. Was wollte ich eigentlich in Griechenland, einem Land, in dem ich niemanden verstehen konnte? Und wie sollte ich den Entzug, der kommen würde, überstehen?

Als sich die Maschine durch die Wolken bohrte, sah alles grau aus. Aber danach bot sich ein wunderbares Bild: strahlende Sonne. Es war ein fantastischer Anblick. Wie ein unendlicher flauschiger Teppich lagen die Wolken unter mir. Sofort fühlte ich mich wieder wohl und genoß den wunderbaren Anblick. Ich sah eine Chance. Vielleicht schaffst du es doch ...

Nach ein paar Stunden landeten wir auf dem Flugplatz von Athen. Beim Verlassen des Flugzeugs haute mich die Wärme fast um. Ziellos irrte ich auf dem Flugplatz umher. Meine Unruhe wurde durch die ersten Anzeichen des Entzugs noch gesteigert. Ich wußte ja noch nicht einmal, wo ich hinwollte! Also tauschte ich zuerst Geld um und ließ mich von einem Taxi nach Athen fahren.

An irgendeiner Ecke stieg ich aus und schlenderte durch die Straßen. Ab und zu fragte ich ganz zaghaft, wo es eine Apotheke gäbe, aber niemand schien mich zu verstehen, bis ich endlich jemanden traf, der mir Auskunft gab. In einer Straße, von der aus man die Akropolis sehen konnte, lag eine Apotheke. Aber das Gespräch mit dem Kerl dort war nicht sehr erfolgreich. Ich verstand ihn nicht und er mich nicht. Auch mit Gesten ging's nicht besser. Ich ging und versuchte irgendeine Informationsstelle für deutsche Touristen zu finden. Das klappte zwar auch nicht, aber nach langem Fußmarsch fand ich ein Krankenhaus, weil außen das Zeichen des Roten Kreuzes angebracht war.

In diesem Krankenhaus gab's sogar einen deutschsprechenden Arzt, dem ich etwas ängstlich meine Lage erklärte. Schließlich fragte ich ihn noch, ob er mir Valoron oder ein ähnliches Mittel verschreiben könnte. Aber er meinte, ich solle lieber so schnell wie möglich mit der nächsten Maschine nach Berlin zurückfliegen, die Polizei in Griechenland sei rigoros gegenüber Abhängigen. Außerdem könne er mir nichts geben. Immer mehr bekniete ich ihn, bis er endlich etwas auf einen Zettel schrieb und mich in eine Apotheke schickte. Mehr konnte oder wollte er nicht für mich tun.

In der Apotheke bekam ich eine Packung Valium und einige andere Pillen. Mein Feeling wurde immer schlechter. Ich bekam schon Schweißausbrüche, und mir wurde übel. Schließlich fand ich ein Hotel und bekam ein Zimmer mit Doppelbett. Auf dem Zimmer schluckte ich gleich einen Haufen Pillen und kaufte dann noch eine Flasche Schnaps. Zwei Stunden später lag ich total benebelt auf dem Bett, doch die Schmerzen im Rücken und in den Beinen waren trotzdem da. In der Nacht wälzte ich mich ruhelos im Bett herum, schluckte immer mehr Tabletten und kippte Alkohol. Zwischendurch mußte ich mich übergeben, bis nur noch Schleim aus meinem Magen kam. Ich lechzte nach einem Schuß, wahrscheinlich hätte ich alles dafür gegeben, was ich noch besaß.

Aber ich konnte nicht an Dope herankommen, ich mußte durch den Entzug. Wie ich die Nacht überstanden habe, weiß ich nicht mehr. Jedenfalls blieb ich bis Mittag unter der Bettdecke zusammengerollt liegen. Durch das Fenster hatte ich einen schönen Blick auf die Akropolis, aber die Aussicht war mir völlig gleich. Hauptsache, es würde mir bald besser gehen. Am Abend schluckte ich die letzten Pillen und konnte in der zweiten Nacht sogar schlafen. Vielleicht waren es nur ein oder zwei Stunden, aber ich fühlte mich besser.

Da in dem Zimmer ein Bad war, versuchte ich das Kältegefühl in mir zu überwinden und duschte den klebrigen Schweiß ab. Anschließend schlenderte ich durch die Straßen von Athen, beobachtete die Menschen, sah die Touristen mit ihren Kameras herumflitzen, sah die Schuhputzer am Straßenrand, den Markt, den man schon von einem Kilometer Entfernung roch, weil das Fleisch im Freien hing. Arm und reich lebten hier zusammen, wie überall. Die Menschen waren zwar anders, aber das Leben blieb gleich. Warum hatte ich nur nicht den Mut, es mir zu nehmen?

Im ersten Reisebüro, das ich fand, buchte ich den Rückflug für den nächsten Morgen. Auf dem Weg ins Hotel mußte ich mich ständig irgendwo hinsetzen, weil meine Beine butterweich und zittrig waren. Mit einer Flasche unter dem Arm verzog ich mich in mein Zimmer. Vorher sagte ich noch Bescheid, wann ich geweckt werden wollte. Um mir ein bißchen ein gutes Gefühl zu machen, trank ich den Schnaps, bis mir übel war und ich wieder brechen mußte.

In dieser Nacht war an Schlaf nicht zu denken, und ich sah wohl dementsprechend aus. Ein Taxi brachte mich zum Flughafen, und drei Stunden später war ich wieder in Berlin. Das bißchen Geld, das ich noch hatte, tauschte ich auf dem U-Bahnhof Kurfürstendamm gegen einen Schuß Heroin.

14

Wochen später stand ich total abgewrackt an der Ecke Potsdamer Straße, Kurfürstenstraße und fror vor mich hin. Außer einem dünnen Jäckchen hatte ich nichts mehr. Nachts schlief ich am Bahnhof Zoo, lernte dort Fixer kennen, die auf den Schwulenstrich gingen, um sich ihr Geld zu verdienen. Hätte ich nicht so einen Ekel davor gehabt, wäre ich wahrscheinlich jetzt auch ein Stricher.

So stand ich da und betrachtete stumpfsinnig die Szene. Das einzige, worauf ich noch wartete, war der Typ mit dem Heroin. Nirgends konnte ich mich mehr blicken lassen. Überall hatte ich betrogen, geklaut und enttäuscht. Mir blieb nur noch das Stanniolbriefchen mit der Aufschrift „Lüge", das mir aber noch ein wenig Leben zu vermitteln schien. Ständig mußte ich aufpassen, daß mich niemand erkannte, wahrscheinlich hätte ich sonst einen auf den Deckel bekommen. Endlich kam der Dealer, tauschte einen Hunderter gegen Heroin, und ich verschwand in irgendeiner Toilette.

Vollgedrückt ging ich zur Szene zurück und stellte mich in eine Ecke. Dabei beobachtete ich zwei Leute, die auf einige Fixer zugingen und sich mit ihnen unterhielten. Der eine kam mir sehr bekannt vor. Als sie auf mich zusteuerten, erkannte ich ihn: Mario. Mit ihm hatte ich vor Jahren am Henriettenplatz gedealt. Er ging denselben Weg wie ich, bis er zur Spritze kam.

Mario erkannte mich auch und kam mit dem anderen Typen auf mich zu. Sie hatten einen Schäferhund bei sich, der gleich an meinem Hosenbein schnupperte. Mario freute sich, mich zu sehen, und das war etwas völlig Neues für mich. Wir führten anfangs eine belanglose Unterhaltung, bis ich Mario fragte, wie er es geschafft hatte, clean zu werden. Die Antwort war völlig utopisch, in meinen Augen Quatsch: Er meinte, Jesus Christus hätte ihm die Kraft gegeben, um frei zu werden und frei zu bleiben.

Auf der Szene erzählte man sich zu der Zeit, Mario sei verrückt geworden. Er würde jetzt an Gott glauben und beten. Nun stand er vor mir. Den Eindruck eines Verrückten machte er nicht gerade. Im Gegenteil: er wirkte sogar ausgesprochen glücklich. Der andere, Klaus, machte mir das Angebot, bei Tee und Schmalzstullen unser Gespräch fortzusetzen, und ich ging mit.

Auf dem Weg wollte ich mit Mario alte Erinnerungen austauschen, was wir doch für dufte Sachen erlebt hatten, wie wir vollgeknallt im Key-Club gepokert hatten, wie schön doch alles da noch war. Aber irgendwie merkte ich, daß er mit den alten Dingen nicht mehr sehr viel am Hut hatte. Als wir bei der Teestube ankamen, wunderte ich mich, warum ich sie nicht schon früher gesehen hatte. Es lag wohl an der dunklen Fassade und der unscheinbaren Aufmachung.

Im ersten Raum hingen eine Menge Leute rum und kauten. Wahrscheinlich die versprochenen Schmalzstullen. Hier saßen auch einige Fixer, die stumpfsinnig ihre Kippen rauchten. Der zweite Raum war schon gemütlicher. Leute saßen an den Tischen, quatschten durcheinander und tranken Tee. In einer freien Ecke setzte ich mich möglichst so, daß ich alles gut beobachten konnte, aber die anderen mich nicht. Meine Angst vor Menschen war zu der Zeit so schlimm, daß ich immer einen roten Kopf bekam und wie ein schüchternes Kind reagierte, wenn mich ein Fremder ansprach. Besonders schlimm war es, wenn ich kein Opiat im Körper hatte, dann fühlte ich mich verloren und mied jeden Kontakt mit anderen Leuten.

Überall an den Tischen wurde geredet, aber ich bekam nur Satzfetzen mit. Meist drehten sich die Gespräche um den Glauben an Gott. Ich empfand es als sehr angenehm, hier allein sitzen zu können, ohne daß man mich gleich in irgendein Gespräch zog. Die Atmosphäre war stark, im Hintergrund lief leise Musik, auf den Tischen standen Kerzen. Ich fühlte mich wohl.

Dabei fiel mir auf einmal eine Begebenheit ein, die sich ereignet hatte, als ich noch in Neukölln wohnte. Nobse war gekommen und hatte von Leuten erzählt, die sich „Kinder Gottes" nannten. Er meinte, daß es lauter Spinner seien. Aber bei ihnen könnte man sich den Bauch vollschlagen. Da bei mir nicht mal ein Krümel Brot zu finden war, gingen wir hin. Ich war überrascht über die freundliche Begrüßung. Anscheinend lebten sie in einer Gemeinschaft zusammen. Einige Kinder flitzten umher, eine Frau saß an der Nähmaschine, und es roch nach Essen. Nobse warnte mich, daß sie nach kurzer Zeit versuchen würden, mich zu „bekehren". Ich setzte mich auf eine Matratze und guckte mich um. Nobse hatte mir auch erzählt, daß die Mitglieder der Gemeinschaft verpflichtet waren, auf der Straße zu betteln. Als ich so hörte, wie hoch ihre Einnahmen pro Tag waren, schlackerte ich mit den Ohren. Aber das meiste Geld mußten sie an den Gründer der „Kinder Gottes" schicken. Dieser Mann mußte ganz gut leben, wenn überall solche getreuen Nachfolger existierten. Wenn man sie fragte, behaupteten sie immer, alles für Jesus zu tun.

Ein Mädchen setzte sich zu mir, hielt eine Bibel in der Hand und erzählte von Gott und Schuld usw.

Nach einer halben Stunde fragte sie mich, ob ich Jesus annehmen möchte. Ich wollte endlich in Ruhe gelassen werden und sagte ja. Das Mädchen saß mit offenem Mund da und konnte es wohl selbst kaum fassen. Die anderen zeigten sich hoch erfreut, und wir beteten. Danach kam der Häuptling der Wohngemeinschaft zu mir und sagte, ich müßte bei ihnen bleiben. Ich dachte, ich hätte mich verhört, und fragte, was er damit meinen würde. Er erklärte mir, jeder der zu Jesus ja gesagt hätte, müßte auch gleich alle Brücken hinter sich abbrechen. Ich sollte jetzt bei ihnen bleiben, so wie ich war.

Bei dem tickt es wohl nicht richtig, dachte ich und meinte, daß ich doch wenigstens meine Wohnung kündigen müßte. Aber sie ließen sich nicht von ihrer Meinung abbringen. Als ich schließlich doch ging, schickten sie mir noch einen Jünger als Verstärkung mit.

Draußen schneite es, und ich war echt verwirrt. Nobse hatte sich, nachdem er sich den Magen vollgeschlagen hatte, wieder abgeseilt und mich allein die Suppe auslöffeln lassen. Mich nervte mein Schatten, und ich versuchte ihn loszuwerden. Endlich erklärte er sich bereit, an der Ecke zu warten. Vorher wollte er aber noch mit mir beten. Mitten auf dem Geweg der Karl-Marx-Straße legte er seine Hände auf meine Schulter und betete. Und das bei starkem Schneefall! Er hat mich nie wieder gesehen.

Ich hatte Bedenken, die Leute aus dieser Teestube könnten von der gleichen Truppe sein. Wäre das der Fall gewesen, hätte ich mich sofort abgesetzt. Nach einiger Zeit setzten sich Klaus und Mario zu mir. Wir begannen ein belangloses Gespräch. Aber irgendwie kamen wir auf meinen Zustand zu sprechen, und sie fragten, ob ich mir nicht vorstellen könnte, ein anderes Leben zu führen. Na klar wünschte ich mir das.

Aber wozu sollte ich aufhören? Außerdem steckte ich im größten Schlamassel, den man sich nur vorstellen konnte. Wie oft hatte ich versucht, wieder rauszukommen! Mario mußte es am besten wissen, wie das ist. Es gab niemanden, der mir helfen konnte.

Klaus fing an, mir in unaufdringlicher Weise von Gott zu erzählen. Vieles habe ich damals zwar nicht verstanden, aber ich merkte, daß er hinter meine Maske drang. Ich hörte davon, daß Gott helfen könnte, daß er Gebete erhört und daß Jesus Christus mich heilen könnte. Mein Verstand sagte mir, Klaus müßte verrückt sein, aber mein Herz fing an zu klopfen.

Noch niemals hatte ich gehört, daß Gott mich liebt, niemand hatte mir etwas von einer persönlichen Beziehung zu Gott gesagt. Ich hatte in der Schule Religionsunterricht gehabt, war konfirmiert worden, aber das waren neue Worte für mich.

Es war, als ob ich mich plötzlich in einem Spiegel sehen würde. Das Zerrbild eines zerstörten und verlorenen Lebens stand mir vor Augen. Aber gleichzeitig sah ich ein anderes Bild, ein Bild der Hoffnung. Plötzlich fiel aller Zwang von mir ab, und ich fand den Mut, meine offenen Wunden zu zeigen. Meine ganze Verzweiflung sprudelte heraus, ich fing sogar an zu heulen. Aber das war mir egal. Das ganze Drumherum, all die Leute in der Teestube waren mir egal. Ich konnte mich fallen lassen. Endlich einmal konnte ich das loswerden, was mich bedrückte und fertigmachte. Aber andererseits machte sich ein starkes Gefühl der Angst in mir breit. Was würde passieren, wenn ich mein Herz ausgeschüttet hatte? Würde sich etwas verändern? Oder würde ich mit einem hilflosen „Gott segne dich" weggeschickt werden?

Nachdenklich saß ich in der Ecke und wußte nicht, was ich machen sollte. Ich sehnte mich nach Hilfe.

Die Jahre, die ich mit der Droge verbracht hatte, waren so schnell vergangen. Ende 1972 hatte alles begonnen, und jetzt war Mitte Mai 1976.

Ich wollte endlich aussteigen. Klaus bot mir an, ich könnte eine Therapie bei Teen Challenge machen. Ich stimmte zu in der Hoffnung, es würde ein neuer Anfang werden.

An diesem Abend betete ich zum ersten Mal in meinem Leben als Erwachsener. Wieder mußte ich heulen. Ich sprach einfach einige Worte in der Hoffnung, Gott würde mich hören und mir vielleicht helfen können, wenn es ihn gab.

Nach dem Gebet war scheinbar alles wie vorher. Aber eins verspürte ich in mir: eine neue, starke Hoffnung. Ich hatte gebetet, daß Jesus mir meine Schuld vergeben und einen anderen Menschen aus mir machen sollte. Ich fühlte mich wohl an diesem Abend, war erleichtert und teilweise sogar glücklich.

Als die Teestube geschlossen wurde, fragte ich zaghaft, ob ich irgendwo schlafen könnte. Doch niemand hatte eine Möglichkeit. Schließlich machten Klaus und Mario mir einen starken Vorschlag: Sie wollten zusammen mit mir irgendwo ans Wasser fahren und den Sonnenaufgang miterleben. Ich fand das so in Ordnung von den beiden, daß sie mich nicht allein ließen. Es waren schon dufte Typen.

Aber eigentlich verstand ich nicht, warum sie das alles taten. Mario kannte ich zwar flüchtig von der Szene, aber Klaus war mir völlig unbekannt. Wie kamen sie dazu, einem wildfremden Junkie zu helfen? Und warum gerade mir? Mein Deodorant hatte schon seit Monaten versagt, und mein Äußeres lud auch nicht gerade zu einem Gespräch ein. Als ich sie fragte, warum sie sich mit mir abgaben, antwortete Klaus, damit ich nicht allein durch die Nacht sumpfen müßte, und Mario meinte, er würde alles aus Liebe zu Jesus Christus tun. Beiden nahm ich ab, was sie sagten; sie machten Ernst mit der Nächstenliebe.

Mittlerweile kam die Sonne zum Vorschein. Fasziniert sah ich mir dieses Naturereignis an. Der Schäferhund tobte durchs Gelände, ich spürte wieder Leben, nahm am Geschehen Anteil. Meine Stumpfsinnigkeit war verflogen. Ich konnte einfach nicht in Worten ausdrücken, was ich alles empfand. Nur eins: Ich fühlte eine große Kraft in mir, die sich aufzubäumen schien gegen die Angst, gegen die Hoffnungslosigkeit und gegen die Sucht.

Weil die beiden zur Arbeit mußten, verabredeten wir uns für das nächste Wochenende. Klaus gab mir noch seine Telefonnummer und setzte mich in der Stadt ab. Ich versprach ihm, alles daranzusetzen, einen Platz im Krankenhaus für den körperlichen Entzug zu finden.

Nun stand ich da, teils glücklich, teils traurig. Allmählich bemerkte ich auch dieses befürchtete andere Gefühl: der Turkey kam! Ich schlenderte in Richtung Tu-Mensa und wartete in dem Vorraum vom Studentenwohnheim. Ein anderer Fixer stand auch hier und wartete auf den ersten Dealer. Wir quatschten eine Weile über Szeneneuigkeiten. Dann fragte ich ihn einfach, ob er mir mit einem Schuß aushelfen könnte. Nachdem ich mir den Druck gemacht hatte, verbrachte ich den restlichen Tag damit, einen Platz im Krankenhaus zu finden. Tagelang lief ich durch Berlin, von einer Klinik zur nächsten. In einer sagte man mir, sie wären belegt. In einer anderen hörte ich, sie seien nicht zuständig, in einigen erklärte man mir, sie würden überhaupt keine Entzüge machen.

Trotzdem ließ ich mich, zu meinem eigenen Erstaunen, von den vielen Absagen nicht entmutigen.

Manchmal hätte ich die Ärzte aus den Kitteln klopfen mögen, aber das hätte ja auch nichts geändert. Die Hoffnung, ein neues Leben beginnen zu können, war immer noch stärker als der Frust. In der Spandauer Landes-Nervenklinik stellte ich mich auch vor. Ein Arzt machte mit mir eine Art Vorgespräch. Ich hatte vorher angerufen und um einen Termin gebeten. Nun war ich hier und dachte, ich könne gleich dableiben, aber das war wohl nichts. Er sagte, ich solle eine Woche später noch einmal vorbeikommen.

Endlich kam der Tag, an dem ich wieder nach Spandau kommen sollte. Alle meine Habseligkeiten befanden sich in einer Plastiktüte. Mehr hatte ich nicht. Der gleiche Arzt unterhielt sich wieder mit mir und sagte dann, ich könne gleich dableiben. Mann, war ich froh! Jetzt brauchte ich nichts weiter zu tun als auszuhalten. Eine Krankenschwester zeigte mir mein Bett. Und dabei checkte ich erst, was alles für Leute hier waren.

Einer stand mit total wirrem Blick in der Ecke, einige saßen im Gang und gaben komische Laute von sich. Ich war tatsächlich auf einer Station für psychisch Kranke gelandet. Ich mußte mich ausziehen und ein weißes Krankenhemd anziehen. Die Schwester verzog ihr Gesicht, ich roch sicherlich furchtbar. Es war mir echt peinlich. Mit zwei Fingern wurden meine Sachen nach draußen befördert, und ich mußte ins Bett.

Schräg gegenüber von meinem Bett lag ein Typ, den ich schon von der Szene her kannte. Er hatte das Gröbste wohl hinter sich. Wir grüßten uns nur kurz, dann sah ich mich weiter um. Neben mir lag ein alter Mann, den sie am Bett festgeschnallt hatten. Im Gang spielte ein junger Typ mit einem Ball. Ich machte einfach die Augen zu und wollte nichts mehr sehen.

Ich bekam Angst. Was würde kommen, wenn der Entzug begann? Würde ich durchhalten oder abhauen, wie ich es schon so oft getan hatte?

Zur Zeit ging es mir ja noch gut, weil ich mir gerade einen Schuß gesetzt hatte.

Dann kam der Arzt und untersuchte mich. Er meinte gleich, ich solle mich erst einmal waschen. Immer wieder mußte ich daran denken, ob ich es diesmal schaffen würde. Ich dachte an das Gebet in der Teestube und an Gott. Ist es wirklich möglich, neu anzufangen, ein neues Leben zu beginnen?

In meiner Plastiktüte hatte ich auch eine Bibel, die mir Klaus am ersten Abend mitgegeben hatte. Als ich wieder im Bett lag, fing ich an zu lesen. Darüber schlief ich ein und wachte erst am Abend wieder auf.

Der Entzug begann. Das bekannte, angstmachende Feeling war sofort da. Der alte Mann neben mir schnarchte furchtbar, im Gang draußen hörte ich auch komische Geräusche. Langsam fühlte ich die Kälte in mir aufsteigen, dann wurde mir heiß und wieder kalt. Sofort kam der Gedanke an einen erlösenden Schuß, aber ich versuchte ihn zu verdrängen. Ich wollte durchhalten! Klaus hatte mir in der Teestube gesagt, daß Gott helfen könnte, wenn ich ihm vertrauen würde. So betete ich in meinen Gedanken immer wieder. Es waren Hilferufe, stille Schreie zu Gott.

Mittlerweile setzten die anderen Symptome des Entzugs ein. Ich drehte mich von einer Seite zur anderen, die Schmerzen im Rücken wurden auch immer schlimmer, dazu kam noch diese unerträgliche Dunkelheit. Aber irgendwann in der Nacht schlief ich doch ein, was eigentlich schon ein Wunder war. Zwischendurch wachte ich, in Schweiß gebadet, kurz auf und bekam nur mit, daß mir jemand den Puls fühlte. Gleich danach sackte ich wieder ab. Am Morgen brachte mir eine Schwester ein Glas Wasser und Medizin. Mühsam schluckte ich alles. Ich fühlte mich elend, wollte mich übergeben, aber es kam nichts. Zitternd vor Schwäche vergrub ich mich ins Kissen. Das einzige, was ich spürte, war der kalte Schweiß an meinem Körper und ab und zu der Schüttelfrost.

Im Laufe des Tages mußte ich ins Untersuchungszimmer und grub mich aus dem Bett. Hätte der Pfleger mich nicht gestützt, wäre ich auf allen Vieren gekrochen, so schwach war ich. Die Schwester fühlte wieder meinen Puls, nahm mir Blut ab und sagte beiläufig: „Na, Ihnen geht es wohl nicht so gut!" Mit dieser blöden Bemerkung hatte sie den Nagel auf den Kopf getroffen. Ich war froh, wieder ins Bett zu kommen, und dämmerte vor mich hin. Ich muß es diesmal schaffen! Immer wieder gingen mir diese Worte durch den Kopf. Die Bibel, die auf dem Nachtschrank lag, schaute ich dauernd an. Stimmte es wirklich, daß Gott Gebete erhört?

Dieser Entzug fiel mir leichter als die anderen, bei denen ich noch einen Haufen Medikamente geschluckt hatte. Vielleicht war es nur Zufall, daß es mir nicht so schlecht ging. Vielleicht aber auch eine Folge der Gebete.

Am nächsten Morgen lief ich ein bißchen den Gang hoch und runter, schnorrte Zigaretten und pflanzte mich auf einen Stuhl. Was war das hier nur für eine Szene? Wie kommt es, daß Menschen so werden? Die meisten waren nicht von Geburt an irrsinnig, irgend etwas hatte sie zerstört. Da gab es einen Typ, der am ganzen Körper Narben hatte. Teilweise trug er Verbände und glotzte stumpfsinnig vor sich hin. Mein Nebenmann erzählte mir, er würde den Drang verspüren, sich selbst zu zerstören. Es war schon ein mieser Eindruck, den die Station auf mich machte.

Ich selber fühlte mich depressiv und elend. Aber vom dritten Tag an ging es mir schon entschieden besser, und ich trank einen Becher Muckefuck, der wider Erwarten im Magen blieb. Sogar eine Stulle konnte ich essen, und die Zigarette schmeckte auch wieder. Die meiste Zeit lag ich noch im Bett, las ab und zu in der Bibel und war von dem, was ich las, begeistert. Vieles verstand ich zwar nicht, aber das war mir egal. Hauptsache, das Gelesene vermittelte mir Kraft und Hoffnung.

Einige Tage später kreuzte Klaus auf. Wie ich mich freute, kann sich keiner vorstellen. Ich erzählte, daß ich voller Hoffnung in bezug auf meine Rehabilitation sei und wie es mir beim Entzug ergangen war. Wir setzten uns in den Speiseraum, um uns ungestört unterhalten zu können. Da kam auch der Typ mit dem Selbstzerstörungstrieb herein und setzte sich ans Fenster. Während wir noch quatschten, sprang er plötzlich auf und schlug mit dem Ellenbogen die Glasscheibe ein. Geradezu wollüstig stieß er seinen Arm in die gezackten Scheibenreste des Fensters. Sofort schoß das Blut über sein weißes Nachthemd und spritzte zu Boden. Wir waren echt entsetzt. Wie konnte ein Mensch nur so etwas tun? Ich wollte raus hier, wollte keine Minute länger in dieser Verrücktenanstalt bleiben. Aber Klaus beruhigte mich und sagte, daß ich keine andere Möglichkeit hätte, als hier durchzuhalten.

Nach ungefähr einer Stunde verabschiedete sich Klaus wieder. Ich stand an der Tür und blickte ihm durch die Scheibe nach. Wie schön muß es doch sein, frei leben zu können, ohne Ängste, Probleme und Drogen. Wie gern wäre ich mit ihm gegangen! Aber nun war ich mal hier und mußte durchhalten. Wie lange muß ich eigentlich noch kämpfen?

Der andere Fixer in meinem Zimmer redete ständig

von den alten Sachen, und es dauerte nicht lange, da erzählte ich auch meine Stories. Die meisten waren total übertrieben und sollten mich nur als einen starken und coolen Typen darstellen, der ich nie gewesen war. Am Abend war ich dann so aufgewühlt, daß ich abhauen wollte. Wieder kamen die alten Gedanken hoch: „Mensch, Ralf, nur einen Schuß! Du kannst doch aufhören, wenn du willst!" Mit diesem Gedanken wurde es wieder schlimmer. Ich spürte meinen Körper, spürte, daß es mir eigentlich schlecht ging. Was hatten die anderen schon für eine Ahnung davon, was ein Fixer ist? Mehr als klug reden konnten die nicht.

Wie ein aufgebrachter Gorilla rannte ich den Gang rauf und runter. „Nur einen Schuß!" Immer wieder der Gedanke an den erlösenden Schuß. Aber dann fiel mir wieder die Teestube ein und das, was ich dort gehört hatte: „Jesus Christus kann dir helfen, wenn du es willst. Er kennt dich und versteht dich." Ich ging wieder ins Zimmer zurück und las in der Bibel. „O Gott, hilf mir! Ich bin am Ende." Am Abend im Bett versuchte ich leise zu beten, bekam aber kaum ein Wort über die Lippen. Außerdem schämte ich mich wegen der anderen. So tat ich es in Gedanken und spürte dabei ein angenehmes, warmes Gefühl, ein Gefühl der Geborgenheit. Klaus hatte gesagt, er würde für mich beten, daß Gott mir ganz nahe sei hier im Krankenhaus. War das Gefühl jetzt Zufall oder gar Einbildung? Oder war es doch Gott, der mir half? Es schien mir unbegreiflich, zu hoch, um es zu verstehen. Jedenfalls blieb ich im Krankenhaus und rannte nicht davon.

Die Tage vergingen, und allmählich schmeckte mir das Essen immer besser. Ich konnte auch schon meine eigenen Sachen, die inzwischen gewaschen worden waren, anziehen. So lief ich den ganzen Tag auf der Station herum, schnorrte Zigaretten und beobachtete die Leute. Dabei fiel mir ein Typ auf, der an einer Kette um den Hals ein Kreuz hängen hatte. Er sah aus wie einer, der auch schon mit Drogen zu tun hatte. Wir kamen ins Gespräch, und er erzählte ein bißchen von sich. Bei einem LSD-Trip war er total ausgeklickt, rannte ziellos auf der Straße herum und ging schließlich aus Verzweiflung zu seiner Schwester. Als er dann Tage später immer noch Mist erzählte, brachte sie ihn hierher in die Nervenklinik. Zwei Monate saß er schon hier und wartete darauf, daß sich für ihn etwas ergab. Zu meiner Überraschung sagte er, daß er an Gott glaube und in der Bibel die besten Sachen stehen würden, die er je gelesen hätte. Ich erzählte auch von mir, daß ich eine Bibel hatte und versuchen wollte, im Glauben an Gott ein neues Leben zu beginnen. Wir freuten uns riesig, uns kennengelernt zu haben. Und wir schmiedeten gleich Pläne: Gemeinsam wollten wir zur Teen Challenge-Farm nach Westdeutschland zur Rehabilitation. Doch es kam alles anders.

Nach drei Wochen hielt ich es nicht mehr aus. Elvira kam, um mich zu besuchen. Ich hatte ihr geschrieben. Natürlich brachte sie auch Heroin mit, und ich Blödmann machte wieder einen Schniff. Das haute mich völlig um. Ich konnte diese ganze Umgebung, das Krankenhaus, den Flur und das Bett nicht mehr ertragen. Der andere Fixer und ich ließen uns unsere Papiere geben, und wir machten uns dünne. Vorher verabschiedete ich mich noch von Dieter, der wirklich traurig war, daß ich ging. Aus unserem Plan, gemeinsam eine Rehabilitation zu machen, wurde nichts.

Der Typ und ich fuhren in Richtung Bahnhof Zoo, wo ich meine Plastiktüte in ein Schließfach einschloß. Wir wollten dann zu Klaus gehen, aber als ich auf den

Bahnsteig zurückkam, war der andere verschwunden. Mein erster Gedanke war natürlich: der ist zur Szene! Ich rannte vom Bahnhof Zoo zum Kurfürstendamm, Ecke Joachimstaler, wo sich die Szene befand. Überall guckte ich rum, bis ich ihn nach einer Stunde im Kaffee Kranzler fand. Dort saß er mit einer Braut im Arm und winkte mir zu. Mann, war ich sauer! Ich erinnerte ihn an unsere Verabredung mit Klaus, aber das schien ihn nicht mehr zu interessieren. Inzwischen war er vollgedrückt bis zum Kragen.

Dann erzählte er mir eine Story, die kaum zu glauben war. Als er auf dem Bahnsteig auf mich wartete, fuhr gerade ein Zug ein. Die Menschen drängten sich in die Waggons. Zurück auf dem Bahnsteig blieb einsam und verlassen – eine Tasche. Natürlich ging er hin, nahm die Tasche und verschwand mit ihr in den Toiletten. In der Tasche befanden sich 900,– DM, mit denen er zur Szene ging, um dieses freudige Ereignis zu feiern.

Nun saß ich da und sah alle meine guten Vorsätze flöten gehen. Der Typ gab mir ein Stanniolbriefchen und sein Besteck, ich ging damit auf die Toilette und machte mir einen Druck. Vollgetörnt kam ich nach oben ins Kaffee zurück und sah zu, wie die beiden sich ablapperten. Ich hatte ein echt schlechtes Gewissen, wie ich es bisher kaum gekannt hatte. Nein, ich wollte nicht mehr in dieses tiefe Loch fallen, vielleicht konnte ich es doch schaffen. Deswegen setzte ich mich ab und rief Klaus an. Aber es meldete sich nur seine Mutter, die mir sagte, Klaus würde erst gegen Nachmittag nach Hause kommen.

Schließlich erreichte ich ihn und erzählte ihm die ganze Geschichte, verheimlichte auch nicht, daß ich wieder einen Druck gemacht hatte. Zu meinem Erstaunen sagte er nichts weiter dazu, machte mir keine

Vorwürfe oder irgendwelche Bemerkungen. Er sagte nur, daß ich in einer Stunde an der Teestube sein sollte. Mann, fühlte ich mich wieder gut! Das Feeling vom Druck war dabei unwichtig. Als ich hinkam, wartete Klaus schon. Ich freute mich wirklich, ihn wiederzusehen. Er war so völlig anders als die, die ich sonst kannte.

Wir unterhielten uns lange über die Möglichkeiten, die ich noch hatte. Er wollte auf keinen Fall, daß ich nochmals auf die Szene ging. Zum Schluß beteten wir noch zusammen um eine Möglichkeit, die mir weiterhelfen könnte. Und dann sagte ich Gott noch, daß mir der Rückfall wirklich leid täte.

Urig erleichtert waren wir wohl beide, und ich spürte wieder diese undefinierbare Kraft und Hoffnung. Als ich Klaus erzählte, ich würde mich so kräftig fühlen, meinte er, daß das der Heilige Geist sei, der mich erfüllt hätte. Davon verstand ich jedoch nichts und trank meinen Tee.

Klaus ging telefonieren, und ich saß da und freute mich darüber, daß es nun doch weiterging mit mir. Nach einer Weile kam er wieder und sagte mir mit strahlendem Gesicht, daß ich heute bei seiner Mutter schlafen könnte. Am Morgen würden wir dann nach Westdeutschland trampen. Er kannte dort einige junge Leute, die einen alten Bauernhof gemietet hatten. Mensch war ich glücklich! Seitdem ich in der Teestube von Jesus Christus gehört hatte und ihm vertraute, lief alles prima, trotz der Schwierigkeiten im Krankenhaus und trotz des Rückfalls. Ich hätte in die Luft springen können, so glücklich fühlte ich mich.

Bei seiner Mutter wurde ich auch herzlich aufgenommen und mit einem Abendbrot begrüßt. Im Fernsehen lief gerade eine Übertragung von den olympischen Spielen, die wir uns noch ansahen.

Am Morgen weckte mich Klaus ziemlich früh, weil wir rechtzeitig zur Autobahn wollten. Seine Mutter machte uns noch ein klasse Frühstück, und dann fuhren wir mit dem Bus zum Grenzübergang. Ich fühlte mich noch ein wenig zerschlagen von dem blöden Druck und hing ziemlich in den Seilen. Klaus stand an der Straße und hielt den Daumen raus. Doch bevor er dies tat, betete er. Was war das für ein Mensch, der sogar in dieser Situation betete?

Ich merkte, wie meine Gedanken auf Reisen gingen, wie ich begann, ihn als fanatischen Sektierer einzustufen. Aber mein Gefühl sagte mir etwas anderes. Ich bewunderte ihn. Klaus kam selber aus der Drogenszene, hatte sich jahrelang tagtäglich mit Haschisch angetörnt, doch das hatte ihm auch keine Befriedigung gebracht. Eines Tages bekam er eine Bibel in die Hand und las darin. Er entdeckte, daß die Worte in diesem Buch Leben bedeuten. Dann machte er die gleiche Erfahrung, wie ich jetzt: Wenn man dieses Buch in die Hand nimmt und liest, bekommt man wirklich Kraft. Mit dem Verstand konnte ich es nicht erklären, aber es war etwas, wonach ich mich sehnte.

Es fing inzwischen an zu nieseln, ab und zu tauchten einige andere Tramper auf. Endlich hielt ein Wagen an. Klaus sagte die Richtung, und wir hatten Glück, denn der Fahrer konnte uns fast bis vor die Tür mitnehmen. Am Kontrollpunkt bekam ich nochmals Angst, daß vielleicht ein Haftbefehl gegen mich vorliegen könnte wegen des Scheckdiebstahls. Aber wir konnten ohne Schwierigkeiten durchfahren. Mir fiel ein Stein vom Herzen.

Die Fahrt ging noch über Hannover hinaus, und nach einigen Stunden hielten wir an einem Parkplatz bei Bad Eilsen an. Wir bedankten uns beim Fahrer, schnappten unsere Sachen und gingen zu Fuß weiter.

Die Gegend war hier wunderschön, und schon nach einigen Minuten Fußweg waren wir da.

Ich stand sichtlich erstaunt vor dem Bauernhof. Wenn ich laut gehustet hätte, wäre wahrscheinlich alles zusammengefallen. Wir gingen durch das große Tor und kamen, wie es bei Bauernhöfen so üblich ist, in einen riesigen Vorraum. Links und rechts führten Türen in andere Räume. Weder der Vorraum noch andere Zimmer, in die wir hineinschauten, waren aufgeräumt. In einem der Räume saß ein Typ mit Kopfhörern, wiegte den Kopf hin und her und schaute dabei aus dem Fenster. Selbst durch die Kopfhörer hindurch konnte ich noch die Musik hören, so daß es mich nicht gewundert hätte, wenn seine Ohren zu qualmen begonnen hätten. Erst als Klaus ihm auf die Schultern klopfte, drehte er sich etwas erschrocken um. Sein Gesicht war mit einem kräftigen Bart umrahmt, und ein breites Lächeln stand ihm gut.

Klaus und er umarmten sich herzlich und lachten miteinander, dann stellte er sich mir vor. Er hieß Arno und war anscheinend nur zu Besuch hier. Hinter mir ging die Tür auf, und eine Frau mit Kind kam herein. Auch sie war sichtlich erfreut über unseren Besuch. Trotzdem fühlte ich mich unwohl. Alle kannten sich, umarmten sich, und ich stand dabei und wußte nicht, wie ich mich verhalten sollte.

Petra, so hieß die Frau, machte uns allen einen Kaffee, und ich erzählte dabei kurz, was zu erzählen war. Ich war wirklich beeindruckt von ihrer Gemeinschaft, von der Offenheit, mit der sie einander und mir begegneten. Wie lange hatte ich so etwas nicht mehr bei Menschen gesehen! Aber gerade wegen dieser Andersartigkeit der Leute hier stieg mein Minderwertigkeitsgefühl immer mehr, so daß ich mich fast nicht getraute, etwas zu sagen. Ich saß nur da und schlürfte meinen Kaffee. Klaus sprach mit Petra über mich, und ihr Lächeln verriet, daß ich ruhig dableiben konnte. Nur sollten wir noch auf ihren Mann Michael warten. Arno schaltete sich poltrig ins Gespräch ein und meinte: „Klar, der kann hierbleiben!"

15

Einige Stunden später trat ein stämmiger Typ ins Zimmer. Auch er strahlte übers ganze Gesicht, als er Klaus sah. Bald schon kamen sie auf mich zu sprechen, und Arnos Vermutung erwies sich als richtig. Ich durfte bleiben. Klaus und Michael zeigten mir gleich mein Zimmer. Aber da traf mich doch fast der Schlag: Spinnengewebe hingen von der niedrigen Decke herab, der Putz an den Wänden verlor allmählich an Stabilität, überall war alles voller Dreck. Aber bevor ich mich aufregen konnte, holten Klaus und Michael Besen, Handfeger und Lappen, und bald danach sah alles schon ganz anders aus. Petra und ich schleppten Matratzen, die gleich mit Bettzeug bezogen wurden.

Trotz meiner Minderwertigkeitsgefühle fühlte ich mich bald wohler und von den anderen angenommen. So viel Zuwendung und Unterstützung hatte ich von meinen Bekannten in den letzten Jahren nirgends erfahren, geschweige denn von wildfremden Menschen.

Am Abend saßen wir noch alle zusammen im Gemeinschaftszimmer, aßen Abendbrot und unterhielten uns. Klaus kramte seine Bibel hervor und fragte, ob wir nicht noch eine Andacht halten wollten. Bei dem Wort „Andacht" wurde mir ganz komisch. Ich stellte mir vor, daß jetzt alles ganz ernst werden würde und keiner mehr einen Mucks sagen dürfte. Aber ich merkte bald, daß auch das hier anders war. Klaus betete ganz frei zu Jesus, den er als seinen helfenden und liebenden Gott bezeichnete. Ich schielte mit einem Auge, um zu sehen, was die anderen taten. Jeder saß noch so da wie vorher. Petra hatte die Hände gefaltet. Arno hielt seine Augen geschlossen und strahlte über das ganze Gesicht, und Michael nickte immer mit dem Kopf, als wollte er das Gebet von Klaus bestätigen. Total irre fand ich das Feeling in dieser Zeit. Ich spürte eine so starke Freiheit unter den Leuten, wie ich sie noch nie erlebt hatte.

Danach betete Arno und bat den Heiligen Geist, uns ganz zu erfüllen. Was bedeutet „erfüllen"? Meinte er damit das starke Feeling, das ich empfand? Und überhaupt, wer war der Heilige Geist? Daß man zu Gott betet war mir schon klar, aber zum Heiligen Geist?

Jeder hatte nun gebetet, nur ich noch nicht. Ich hatte solche Angst, meinen Mund aufzumachen. Was sollte ich denn beten? Meine Handflächen waren naßgeschwitzt vor lauter Aufregung. Arno mußte es wohl gemerkt haben, daß ich mich verkrampfte. Er betete für mich, daß Jesus mir helfen möge, ihm zu vertrauen, und daß er sich mir als der lebendige Gott offenbaren möge. Mann, waren das fremde Worte für mich! Ich war erleichtert als Klaus „Amen" sagte. Wie gern hätte ich auch gebetet, aber ich fand meine Worte selbst zu simpel.

Klaus mußte am frühen Morgen wieder nach Berlin zurücktrampen. Dabei wurde mir bewußt, daß er eigentlich der Einzige war, zu dem ich Vertrauen gefaßt hatte. Nun mußte er zurück, dorthin wo ich so vieles kannte, wo ich aufgewachsen war. Wie sollte es weitergehen mit mir? Würde ich es schaffen? Ob Gott wirklich existierte und ich ihn erleben könnte? In meinem Herzen sehnte ich mich danach, in Jesus einen liebenden Gott, einen verständnisvollen und helfenden Freund zu finden. Aber mein Verstand sagte mir, daß alle diese Empfindungen nur Quatsch seien: „Du bist ja verrückt, du entwickelst dich langsam zu einem Idioten. Gott gibt es doch nicht, sonst sähe es in der Welt anders aus!"

Klaus, Arno, Petra und Michael kannten sich schon von früher, als sie alle noch auf der Rauschgiftszene waren. Sie verkehrten damals in der Tube, einer kleinen Diskothek, in der Haschisch geraucht und auch gedealt wurde. Arno war auch ein Fixer gewesen, aber schon etliche Zeit clean. Er begann zu spritzen, als die Öffentlichkeit noch gar nicht wußte, was ein Fixer war. Seine Geschichte war fast die gleiche wie meine, nur daß er noch andere Dinge erlebt hatte. Aber jetzt gab es einen Unterschied zwischen uns: er war schon frei von Opiaten. Und wie war er frei geworden? Er sagte, durch den Glauben und das Vertrauen zu Jesus Christus.

Als ich in meinem Bett lag, dachte ich darüber nach, was „vertrauen" und „glauben" heißt. Aber ich konnte nicht begreifen, wie das funktionieren sollte. Wie vertraut und glaubt man?

In dieser Nacht schlief ich nicht so gut und grübelte über vieles nach. Als es draußen hell wurde, hörte ich einen Hahn krähen, der nicht gerade eine gute Stimmlage hatte. Durchs Fenster konnte ich sehen, daß die Sonne aufging. Die Vögel zwitscherten, und ich fühlte wieder diese Kraft in mir, diese neue Lebenshoffnung. Etwas fröstelnd zog ich mich an und schlich nach draußen. Genau vor dem Eingang lag ein großer Misthaufen, der die Luft mehr oder weniger angenehm würzte. Ich rauchte schnell eine Zigarette und ging wieder ins Zimmer.

Langsam erwachte das Haus. Benjamin, der Sohn von Petra, tobte jauchzend durch die Gegend. Draußen heulte Michaels Mofa auf. Wahrscheinlich mußte er zur Arbeit fahren. Arno schnappte sich ein Fahrrad und fuhr ins Dorf, das aus wenigen Häusern bestand. Aber es gab dort einen Laden, der noch selbstgebakkenes Brot verkaufte. Nach Petras Meinung ein Lekkerbissen.

Mir fiel dabei natürlich gleich ein, daß ich überhaupt nichts hatte, was ich zu meinem Lebensunterhalt benötigte. Dadurch wurde ich noch unsicherer als vorher, ich traute mich kaum eine Stulle zu nehmen. Aber Arnos lockere Art machte mir wieder Mut. Er meinte, ich solle ruhig reinhauen. Der Typ war schon in Ordnung. Ich hoffte, gerade mit ihm schnell in Kontakt zu kommen. Nach dem Frühstück machte Klaus sich dann fertig und verabschiedete sich von uns mit den Worten: „Bis bald! Gottes Segen!" Und dann marschierte er in Richtung Autobahn.

Tagsüber wußte ich nicht so recht, was ich tun sollte, und latschte durch die echt schöne Gegend. Der Ort hier hieß Lohfeld und lag in der Nähe der Porta Westfalica bei Minden. Auf dem Gelände des Hofes standen riesige Kirschbäume mit Herzkirschen. Ich bekam Lust, auf einen Baum zu klettern und mir den Bauch mit Kirschen vollzuhauen. Oben auf dem Ast fühlte ich mich wieder wie ein kleines Kind. Tja, als Kind hatte ich kaum große Sorgen gehabt. Ich spielte den ganzen Tag und freute mich, wenn ich auf der Butterblumenwiese rumflitzen konnte. Ich fragte nicht nach Sinn oder Sein, ich war einfach da und freute mich. Vielleicht war es das, was ich immer und immer wieder gesucht hatte, das Kindsein. Aber so kindlich sorglos war meine Zukunft nicht, auch wenn die Gegenwart gerade schön aussah. Da waren noch die Sachen mit dem Scheckbetrug, mit Mutters Freund und überhaupt der ganze Mist, den ich gebaut hatte. Wie sollte ich das jemals wieder in den Griff bekommen? Sofort bekam ich schlechte Gefühle, kletterte vom Baum und verzog mich ins Bett.

Erst am nächsten Morgen kam ich wieder zum Vorschein, weil ich Hunger hatte. Petra spielte mit Benjamin vor dem großen Tor im Sandhaufen. Als sie mich sah, sagte sie: „Hallo, das Frühstück ist schon fertig!" Arno kam auch raus und fragte, wie es mir gehen würde. Diese Frage konnte ich selbst nicht beantworten, aber eines wußte ich: ich hatte Heimweh. Alles war so neu für mich. Die Gegend hier, die Menschen in diesem Haus, die Lebensgewohnheiten. Erst langsam merkte ich, daß es die Gier nach dem Dope war, die mir das Heimweh verschaffte. Am Frühstückstisch erzählte ich Arno davon, was sich in mir regte. Er sagte mir, er hätte dieses Gefühl genauso wie ich gehabt, aber er hätte auch gelernt, damit umzugehen. Um weiter über mein Problem zu reden, bot er mir einen kleinen Spaziergang an.

Wir gingen einen sehr schönen Weg, der an Feldern vorbei in den Wald führte. Die Sonne schien vom blauen Himmel, und es war so, als ob sie durch ihre Strahlen mein Herz und meine Seele erhellte. Die Situation war so kitschig wie ein Hollywood-Film, aber es war schön. Der würzige Duft des Waldes brachte mir zum Bewußtsein, daß ich lebte und daß ich mehr war als nur ein Mauerstein in einem Hochhaus in Berlin. Arno erzählte von der Zeit, als er noch süchtig war. Er war wohl einer der ersten Typen in Berlin, die nicht nur kifften, sondern auch noch Morphium spritzten. Seine Geschichte ging dann fast so weiter wie die meine. Irgendwann war er dann süchtig und machte Sachen, die er sich auch nicht hatte träumen lassen. Bis er eines Tages ein Schlüsselerlebnis hatte, das sein Leben verändern sollte.

Eines Morgens schaute er aus dem Fenster und sah

sich den Sonnenaufgang an. Bei diesem Naturschauspiel dachte er darüber nach, ob es Gott geben würde oder nicht. Er verglich sein Leben mit dem Erlebnis beim Sonnenaufgang und mußte feststellen, daß es zwei Extreme waren. Da war einmal die völlige Harmonie der Natur, auf der anderen Seite sein eigenes Leben, die totale „Disharmonie". Aber wenn es stimmt, daß Gott alles geschaffen hat, dann müßte es doch möglich sein, ebenfalls „Harmonie" zu sein. Ein Leben ohne Drogen, ohne Suff, in voller Zufriedenheit mit sich selbst und mit Gott. Aber dieses Erlebnis flachte schnell ab, und er fand sich in seiner alten Situation wieder. Irgendwann traf er dann Christen, die sich mit ihm unterhielten. Er erzählte von dem Erlebnis, daß er an Gott glauben, aber trotzdem nicht klarkommen würde. Die Christen machten ihm klar, daß er die Vergebung und Versöhnung durch Jesus Christus erfahren müßte.

Ich begriff, was Arno mir sagen wollte: Jesus ist derjenige, der uns wieder richtig „stimmen" kann. Er ist es, der die Harmonie schafft und uns in Einklang mit Gott bringt. Wie oft hatte ich die Natur bewundert, wie wohl hatte ich mich auf meiner Butterblumenwiese gefühlt, wie schön war es, auf einem Kirschbaum zu sitzen und die Früchte zu essen! Warum geht man denn nach einer gestreßten Woche voller Arbeit so gern im Wald spazieren, oder warum freut man sich beim Anblick eines Rosenstocks mitten in der Betonwüste der Großstadt? Liegt nicht in jedem Menschen das Bedürfnis nach Harmonie? Aber meine Spiegelbilder sehen anders aus.

Auf dem Rückweg schepperte es nur so in meinem Kopf. Vieles ging durcheinander, aber eins wurde immer deutlicher: Das Verlangen, mein Leben zu verändern und dabei Gott als Orientierungspunkt zu haben, wurde immer stärker. Wenn ich Arno richtig verstanden hatte, löste er seine Probleme im Vertrauen auf Gott. Aber wie konnte ich richtig vertrauen und glauben? Mußte ich das nicht erst lernen?

Diese Gedanken beschäftigten mich den ganzen Tag über. Ich fing an, wahllos in der Bibel zu lesen. Wie schon in Spandau begriff ich auch jetzt noch nicht viel, ich wußte ja noch nicht einmal, was das Neue und das Alte Testament bedeuteten. Aber das Gelesene beschäftigte mich sehr. Die meisten Berichte, die ich in der Bibel las, handelten von Menschen, die im Kontakt mit Gott lebten und versuchten, nach seinen Gesetzen zu leben. Aber es war auch von solchen die Rede, die nicht danach leben wollten. Meistens ging es denen sehr mies. Immer wieder fand ich Parallelen zu meinem Leben, so als ob sich die Zeiten, aber nicht das Leben selbst geändert hätten.

Trotzdem war meine Gier nach Heroin auch ständig da. Manchmal so stark, daß ich sogar daran dachte, die Musikanlage von Michael und Petra zu verscheuern, um zu Geld zu kommen. Oft saß ich am Fenster und träumte davon, wie schön es doch wäre, in Berlin zu sein und mit vollgeknallter Birne den Kudamm rauf und runter zu latschen. Die anderen errieten meine Gedanken und versuchten, mich abzulenken. Oft saßen wir bis in die Nacht zusammen und unterhielten uns.

Mit Michael wurde ich auch langsam warm, und wir überlegten gemeinsam, was ich so tun könnte. Da der Hof nicht gerade in einem guten Zustand war, gab's hier natürlich viele Möglichkeiten, mich zu beschäftigen. Während Michael tagsüber zur Arbeit ging, versuchte ich, das Haus instandzusetzen. Ich sah, daß ich in der Lage war, etwas zu schaffen. Diese Erkenntnis war wichtig für mein Selbstbewußtsein.

Kurz bevor Arno wieder nach Münster mußte, weil sein Urlaub zu Ende ging, wollte er noch einmal zum Dorffriseur. Dabei betrachtete er mich und fragte, ob ich nicht auch mitkommen wollte. Er würde mir einen Haarschnitt spendieren. Ich hatte mir in letzter Zeit eigentlich keine Gedanken über meine Matte gemacht, aber da ich sowieso nicht vorhatte, nach Berlin zurückzugehen, entschloß ich mich mitzugehen.

Unten beim Dorfbarbier gab es einiges Aufsehen. Arno hatte schon einen kurzen Haarschnitt, aber ich mit meiner Haarpracht war eine Sensation. Als ich auf dem Stuhl saß und der Friseur mich fragte, wieviel er abschneiden sollte, gab ich mutig zur Antwort: „Bitte einen normalen Kurzschnitt!" Der Mann guckte mich ungläubig an und fragte noch einmal. Aber dann ging es los. Immer wieder betrachtete ich mich im Spiegel, um schließlich festzustellen, daß ich mir wirklich gefiel. Als wir wieder auf unseren Fahrrädern saßen und zum Hof zurückradelten, freute ich mich für mich selbst. Für mich war es eine Art Absage an das Leben als Freak, denn gerade meine langen Haare waren mir immer ein Symbol, eine Art Zeichen für Freiheit gewesen.

Eines Nachts, wir lagen alle schon im Bett, dröhnte auf einmal laute Musik durch die Diele. Ein Typ kam in mein Zimmer rein, fragte kurz: „Wer ist denn das?" und ging wieder raus. Kurz danach tauchte noch einer auf und verschwand wieder. Nach der lautstarken Begrüßung zu urteilen, kannten sich alle. Ich zog mich an und ging ins Wohnzimmer, um zu sehen, was das für Leute waren. Alle begrüßten sich mit Umarmungen und freuten sich offensichtlich. Sie kamen gerade aus Berlin, um Günter, den Typ, der als erster in mein Zimmer gelatscht war, hier abzuliefern. Er wollte nur übernachten und dann in der Nähe von uns einen Mann besuchen, der gerade eine „Gospelfarm" aufbaute. Dort wollte er, wenn es ihm gefiel, für eine Weile bleiben. Wir tranken zusammen Kaffee, quatschten die halbe Nacht hindurch und gingen erst im Morgengrauen schlafen.

Aber Günter blieb länger bei uns, weil ihm die Gospelfarm nicht zusagte, und so waren wir vier. Jetzt mußten wir uns etwas überlegen, um Geld zu verdienen. Es war unmöglich und unangenehm, ständig Michael auf der Tasche zu liegen. Also versuchten Günter und ich, uns Arbeit zu suchen, aber ohne richtigen Erfolg. So beschlossen wir, wenigstens auf dem Bauernhof etwas Richtiges zu tun, und fingen in der Küche an. Ein schlechtes Gewissen brauchten wir nicht zu haben, weil Michael damit einverstanden war. Mann, war das eine Schufterei! Überall gab es etwas zu tun. Fing man in einer Ecke an, so war in der andern noch mehr zu tun. Im Grunde genommen sahen wir kein Land, aber trotzdem gaben wir nicht auf.

Sogar eine Toilette bauten wir. Ich zog im Kuhstall, in dem im Winter Kühe standen, eine Mauer hoch, und Günther goß aus Beton ein kleines Podest für das Klobecken. Zwar wurde nicht alles so, wie wir es uns vorgestellt hatten, aber der Zustand des Hofs verbesserte sich zusehends.

16

Eines Nachmittags kamen drei ältere Damen zu uns auf den Hof. Anscheinend kannten sie die anderen Bewohner schon. Sie stellten sich als Ruth Müller, Hilde Gräf und Annemarie Schütze vor. Wir setzten uns in das inzwischen etwas hergerichtete Wohnzimmer und tranken Kaffee zusammen. Das Stärkste war, daß sie einen Berg Kuchen mitgebracht hatten. Aber noch mehr faszinierte mich ihre Freundlichkeit, die völlig ohne Vorurteile zu sein schien. Immerhin waren wir ja ein bunter Haufen, jeder von uns hatte eine zweifelhafte Vergangenheit.

Besonderes Interesse zeigten sie an mir. Sie fragten mich nach meiner Vergangenheit und wo ich herkommen würde, und ich erzählte ihnen alles. Anfangs dachte ich, meine Geschichte würde sie zu sehr schokken, aber das war nicht der Fall. Da die drei Frauen von den anderen wußten, daß sie Christen waren, fragten sie, warum wir nicht sonntags in den Gottesdienst nach Minden kämen. Die Antwort war ja für uns klar: wir hatten kein Auto. Immerhin waren es sechzehn Kilometer von uns bis zur Gemeinde. Wir staunten nicht schlecht, als sich Ruth anbot, uns sonntags mit dem Auto zum Gottesdienst abzuholen. Ich freute mich ehrlich darüber.

Aber diese Freude legte sich nach kurzer Zeit wieder, und mein altes Problem stand mir vor Augen. Immer noch hatte ich Angst, andere Menschen kennenzulernen. Schon jetzt kamen mir Bedenken wegen der Leute, die mich sicherlich von oben bis unten mustern würden.

Beim Abschiednehmen sagte mir Ruth noch, sie werde für mich beten, weil Gott ihr mich besonders aufs Herz gelegt hätte. Zum Schluß bekamen wir noch fünfzig Mark geschenkt, für Lebensmittel und so. Auch das war völlig neu für mich: Wildfremde Menschen kamen zu Besuch, brachten Kuchen und Kaffee mit und schenkten uns obendrein noch Geld! Und dann noch das Angebot, uns sonntags abzuholen! Wenn ich bis jetzt nicht an Engel geglaubt hatte, so schienen doch diese drei älteren Damen welche zu sein. Es sah schon komisch aus, wie sie um die Pfützen herum am Misthaufen vorbei zum Auto gingen. Ich kapierte nicht, wie es kam, daß drei gutsituierte Damen sich mit Menschen dritter Klasse abgaben.

Der Sonntag kam, und wir alle flitzten aufgeregt durch die Räume. Da die einzige Waschgelegenheit in der Küche war, gab es natürlich Stauungen. Zu allem Überfluß hatte meine Hose einen langen Riß, und das Hemd stank nach Schweiß. Nein, so wollte ich auf keinen Fall mit, lieber blieb ich daheim und mauerte mein Klo weiter. Aber Michael gab mir ein Hemd, und meine Hose nähte ich mit einigen Stichen selbst.

Endlich waren wir alle gestriegelt und abfahrbereit, als auch schon Ruths Wagen um die Ecke bog. Mit einem freundlichen Lächeln begrüßte sie uns und erzählte so ganz nebenbei, daß wir nach dem Gottesdienst bei ihr zum Essen eingeladen seien. Zum ersten Mal, seitdem ich nach Lohfeld gekommen war, fuhr ich in eine Stadt. Es war wirklich eine schöne Gegend, viele Felder, Wald und Ruhe, eine ganz andere Atmosphäre als im Wald in Berlin. Zum ersten Mal sah ich die Porta Westfalica. Ich war nie viel herumgekommen. Meine Eltern konnten es sich nicht leisten, einen Familienurlaub zu machen. Nur einmal war ich verschickt worden, und ein anderes Mal, als wir noch in der Wartburgstraße wohnten, machte ich eine Reise mit meiner Mutter. Damals fuhren wir nach Tirol, und das war wirklich ein Erlebnis für mich.

In Minden stoppte Ruth vor einem Gebäude, vor dem viele Menschen standen und sich unterhielten. Das Gebäude sah so ganz anders aus als die Kirchen, die ich bisher kannte. Ich fragte, welcher Kirche sie angehöre, und sie sagte, sie wäre Baptistin. Aber das sagte mir nicht viel, ich wußte noch nicht einmal, welche Unterschiede es zwischen evangelisch, katholisch und baptistisch gab. Wir mußten wirklich ein seltenes Bild abgegeben haben, denn viele sahen uns neugierig an. Ruth stellte uns immer wieder vor, indem sie sagte: „Das sind die Leute aus Lohfeld."

Einige junge Leute kannten Michael und Petra, sie begrüßten uns auch dementsprechend etwas lockerer. Mich überfiel wieder die Angst vor Menschen, ich fühlte mich schon wegen meiner Kleidung minderwertig, spürte die große Kluft zwischen mir und den anderen. Und sofort kam wieder der Gedanke: „Mensch, mach dir doch einfach einen Druck, dann sieht alles anders aus!" Ich empfand es wie einen Sog, der mich von dem Vorhaben, mein Leben zu ändern, wegriß. „Ist doch klar, du paßt überhaupt nicht in diesen frommen Verein", dachte ich und verzog mich in mein Schneckenhaus. Dort drinnen schmollte ich und machte mich über die lustig, die ich beobachtete. Wahrscheinlich alles Spießer, die keine Ahnung haben, was überhaupt läuft.

So saß ich in meiner Bank, spielte den „coolen Alleswisser" und mein Schneckenhaus-Versteckspiel. Aber wie mies und schlecht fühlte ich mich dabei! In Wirklichkeit beneidete ich die Menschen um mich herum. Sie hatten sich ein anderes Leben aufgebaut, mit offenbar beständigen Werten und Normen. Und ich war nur ein Schreihals, der nichts vom Leben verstand, sich über andere lustig machte, aber selbst nichts zustande brachte, außer auszusteigen.

In der Zwischenzeit hatte der Chor angefangen zu singen. Für meinen Musikgeschmack etwas wenig Rhythmus, aber es war eben ein Kirchenchor. Und dann sollten wir alle aus den verteilten Liederbüchern singen. Die Orgel ertönte, und alle stimmten ein; sogar Petra und Michael sangen mit. Mir war schon als Kind Singen unangenehm gewesen. Am schlimmsten war das Vorsingen im Musikunterricht. Wenn es darum ging, über die anderen zu lachen, dann war ich immer dabei. Aber wehe, wenn ich singen mußte und die anderen lachten, dann gab es meistens Prügel auf dem Schulhof. Als ich wieder mit meinen Gedanken bei der Sache war, legten alle schon die Liederbücher wieder an ihren Ort zurück.

Und dann kam die Predigt. Zu Beginn hörte ich nicht so richtig zu, aber nach und nach gelang es mir, mich auf die Worte des Pfarrers zu konzentrieren. Seine Predigt drang in mein Schneckenhaus ein. Er sagte Worte über Gott und Jesus Christus. Alles verstand ich zwar nicht, eines wurde mir jedoch sehr deutlich: ich war gemeint. An das Thema kann ich mich nicht mehr erinnern, aber mir wurde einiges klar. Mir fiel auf, daß ich eigentlich nicht anders war als alle anderen Menschen auf dieser Erde. Jeder versucht mit seinem Leben fertig zu werden, ohne Rücksicht auf den anderen. Jeder hat eine andere Meinung, überall gibt's verschiedene Ansichten, und die Spiegelbilder davon waren deutlich in meiner Umwelt zu sehen. Ist diese Vielfalt nicht ein Grund dafür, warum so viele Menschen „aussteigen", weil ihnen einfach die Orientierung fehlt? Ich stieg aus, weil mir nichts mehr lebenswert schien. „Love, peace, freedom", waren die Sehnsüchte einer großen Anzahl von Jugendlichen, die die bestehenden Werte als Lüge empfanden. Aber wo endeten diese Sehnsüchte? Für mich zumindest in der Sucht.

Während der Predigt ging mir viel durch den Kopf. Mir wurde klar, daß Gott der einzige war, der mich verändern konnte, sonst niemand.

Ich kam wieder aus meinem Schneckenhaus heraus, weil ein Licht hereinleuchtete. Und in diesem Licht konnte ich mich selbst sehen, wie ich war.

Bei Ruth zu Hause lernten wir auch ihren Mann kennen. Zuerst war ich etwas unbeholfen ihm gegenüber, weil er durch die Amputation beider Beine behindert war. Aber diese Verlegenheit legte sich bald. Wir saßen alle an einem Tisch, wie eine große Familie. Ich fühlte mich ehrlich wieder gut, nicht nur weil das Essen schmeckte, sondern weil ich Gott real erlebt hatte.

Es war schon komisch: Da saßen Menschen verschiedenen Alters zusammen, unterhielten sich, und ich fühlte mich dabei wohl. Früher hatte ich diese Familientreffen immer gehaßt, weil dann oft darüber geredet wurde, daß ich mir doch endlich die Haare schneiden lassen sollte. Diese ständigen Ermahnungen brachten mich auf die Palme. Als Kind mochte ich es, wenn meine Tante wie üblich mit der erwarteten Schokolade kam, aber später gingen mir die Erwachsenen nur noch auf die Nerven.

Aber bei Ruth war es anders. Sie war um die fünfzig Jahre alt und hatte schon zwei erwachsene Kinder: eine Tochter, die in Bonn verheiratet war, und einen Sohn, den ich später kennenlernte. Ich fragte mich ständig, warum sie sich so um mich kümmerte. Als sie vor ein paar Tagen zu Besuch in Lohfeld war, hatte sie gesagt: „Ich verspüre eine bestimmte Aufgabe dir gegenüber. Gott hat es mir aufs Herz gelegt, dir zu helfen." Aber war das Motivation genug? Sehr bald sollte ich erfahren, wie ernst es ihr damit war.

Ich mochte Ruth gern, weil ich ihr abspürte, wie sehr sie sich Mühe gab, mich zu verstehen. Klar, für sie war das eine ganz andere Welt, aus der ich kam. Ich merkte auch, daß es ihr nicht unangenehm war, wenn ich über meine Vergangenheit sprach. Anderen Leuten war es nicht nur unangenehm gewesen, sie ließen mich auch jederzeit spüren, daß ich ein minderwertiger Mensch war. „Wer einmal aus dem Blechnapf fraß ...!" Hier aber, bei Ruth und den anderen, war es anders. Natürlich waren sie nicht erfreut über die Sachen, die ich ihnen erzählte, aber sie verurteilten mich nicht. Im Gegenteil, sie machten mir Mut, ein neues Leben zu beginnen. Das war zwar leicht gesagt, aber wie sollte ich den ganzen Mist, den ich gebaut hatte jemals wiedergutmachen? Bestimmt würde eines Tages die Polizei aufkreuzen und mich verhaften wegen der ganzen Latte von Delikten, die ich mir geleistet hatte. Wenn ich nur daran dachte, fühlte ich mich gleich mies. Wie sollte das alles einmal gelöst werden?

Einige Tage später kam tatsächlich der erste Hammer. Ich hatte mich ja in Berlin polizeilich abgemeldet und hier in Lohfeld angemeldet. Also war meine Adresse bekannt. So bekam ich meinen ersten blauen Brief vom Amtsgericht Bielefeld. Der Inhalt brachte mich gleich in Panik. Wegen schwerer Körperverletzung, die ich in Berlin begangen hatte, sollte ich eine Geldstrafe von 1500,– DM zahlen, und zwar innerhalb einer Woche. Wäre das nicht möglich, sollte ich mich zum Strafantritt im Bielefelder Gefängnis melden. Aber das war das letzte, was ich machen würde. Also erklärte ich Petra und Michael, daß ich mich wieder nach Berlin absetzen würde, weil es sowieso keinen Sinn mehr für mich hätte zu bleiben. Immer wieder würden Briefe kommen, die Rechenschaft wegen meiner Vergangenheit von mir verlangten. Ich war total frustriert. Ich konnte nicht mehr neu anfangen, nie. Günter meinte, die paar Wochen wären doch nicht schlimm. Mensch, der hatte ja keine Ahnung! Das waren bei zwanzig Mark pro Tag 75 Tage. Nee, niemals in den Knast, auf keinen Fall!

Stunde um Stunde grübelte ich darüber nach, was und wie ich mich entscheiden sollte. Meine guten Gefühle waren völlig weg. Auch Gott konnte mir jetzt nicht mehr helfen. Also was soll's? Ab geht's bis zur bitteren Neige. Zu allem Überfluß trudelte zwei Tage später noch ein Brief meiner Sparkasse ein, bei der ich mein Konto um 1200,– DM überzogen hatte. Dabei lag gleich die Drohung, wenn ich nicht sofort bezahlen würde, müßten sie alles an die Staatsanwaltschaft weiterleiten.

Das war echt zuviel für mich, ich wollte nur noch abhauen. Aber dann passierte etwas völlig Unbegreifliches: Einen Tag, nachdem der zweite „Blaue" gekommen war, tauchten unsere „drei Engel" auf. Wir saßen im Wohnzimmer, und die Atmosphäre war wegen meiner Probleme erdrückend. Ich hatte den anderen gesagt, daß ich mich endgültig entschlossen hätte, wieder abzuhauen, weil ich keine Möglichkeit mehr für mich sah.

Natürlich spürte auch unser Besuch, daß irgend etwas los war, und sie fragten danach. Ich wollte auf keinen Fall, daß sie es erfuhren, aber Michael platzte gleich raus: „Ralf muß in den Knast." Erstaunt schauten sie mich an und fragten, warum. Ich wußte erst gar nicht, was ich sagen sollte. Außerdem war ich sauer auf Michael. Aber schließlich erzählte ich die Gründe und daß ich nicht gewillt sei, in den Knast zu gehen. Die drei schauten sich untereinander an, und Annemarie meinte, das wäre ja auch nicht nötig.

Wahrscheinlich habe ich in diesem Moment ziemlich blöde aus der Wäsche geschaut. Und dann erzählte sie mir, daß sie alleinstehend sei und schon seit längerer Zeit für eine Israelreise sparen würde. Aber dieses Geld wollte sie mir zur Verfügung stellen, um meine Schulden zu bezahlen. Ich war völlig perplex und lehnte ihr Angebot rundweg ab. Wie kam diese Frau auf die Idee, mir die Schulden zu bezahlen? Was brachte sie dazu, ihre lang ersehnte Israelreise aufzugeben, um mir zu helfen? Das war zu hoch für mich. Und außerdem war ich zu stolz, um dieses Geschenk anzunehmen.

Aber sie ließ nicht locker und sagte, wenn ich irgendwann einmal Geld hätte, könnte ich es ihr ja zurückzahlen. Das hörte sich alles wie ein Märchen an, aber es schien wahr zu sein. Sie bat mich, ihr die Zahlkarten zu geben, sie würde das Geld überweisen. Was sich in mir abspielte, kann ich in Worten nicht wiedergeben. Ich war so glücklich und erleichtert, daß ich am liebsten geheult hätte. Unvorstellbar, daß es wirklich Menschen gab, die sogar ihr Geld und ihre Träume aufgaben, um anderen, die in Schwierigkeiten waren, zu helfen! Noch nie in meinem Leben war mir etwas Ähnliches passiert, niemals. War es wirklich möglich, daß Gott Menschen so verändert, daß sie das taten, was Jesus sagte: „Liebe deinen Nächsten wie dich selbst" und „Gebt denen, die nichts haben"?

Welches Vertrauen und welchen Glauben mußten diese Frauen haben, um so etwas zu tun! An diesem Tag erfuhr ich wieder, daß Gott denen Hilfe zukommen läßt, die versuchen, ihm zu vertrauen. Am Abend konnte ich zum ersten Mal laut beten und Jesus danken für das, was er für mich durch diese liebe Frau getan hatte. Die nächsten Tage waren echt schön für mich. Ich konnte diese erdrückenden Gedanken an Knast, Bank und Verzweiflung einfach fallenlassen. Der Problemberg war etwas kleiner geworden. Ich hatte wieder so viel Zuversicht und Hoffnung, daß ich das Bedürfnis verspürte, meiner Mutter zu schreiben, daß jetzt alles anders werden würde.

Günter und ich wollten unbedingt arbeiten gehen, um Geld zu verdienen. So schnappten wir unsere Fahrräder und fuhren nach Minden zum Arbeitsamt. Aber dort wurden wir nicht gerade freundlich empfangen, eher reserviert und ablehnend. Sie nahmen aber einen Antrag auf Arbeitslosenhilfe an und meinten, sie würden von sich hören lassen, wenn sie etwas für uns hätten. Auf dem Rückweg traf Günter einen Typen, der wohl früher mal in Lohfeld gewesen war, als das noch eine Freakbude war. Während der Unterhaltung sah ich in die Augen des Typs, und mir fiel auf, daß sie stecknadelklein waren. Sofort machte sich meine Gier bemerkbar, und ich geriet in Panik. Warum mußten wir ausgerechnet diesen Typ treffen, warum nur? Gab es denn überall Fixer, gab es überhaupt keinen Ort mehr, an dem man nicht damit konfrontiert wurde?

Ich war heilfroh, als wir wieder nach Lohfeld weiterradelten. Auch Günter hatte bemerkt, daß der Typ auf Heroin war, und ihm blieb meine Reaktion nicht verborgen. Unterwegs brach mein Verlangen nach Dope immer stärker hervor, so stark, daß ich kaum noch richtig denken konnte. Zu Hause versuchte ich, alles zu vergessen, aber es gelang mir nicht. Die Gier fraß sich in meinem Kopf fest.

Eines Morgens bekam ich Post vom Arbeitsamt Minden mit der Anschrift einer Firma, die einen

Hilfsarbeiter suchte. Die Stelle war in Rinteln. Zuerst dachte ich, es wäre urig weit, aber Michael meinte, mit dem Fahrrad seien es nur 13 oder 15 Kilometer. Also nahm ich meine noch vorhandenen Papiere, schwang mich aufs Rad und fuhr los. Nach langem Suchen fand ich die Firma und ging ins Büro. Eines war mir klar: Wenn ich über meine Vergangenheit reden würde, könnte ich gleich wieder zurückfahren.

Ich wurde gleich zum Chef des ganzen Unternehmens gebracht und gab ihm meine Papiere. Eigentlich rechnete ich mir keine Chancen aus, denn aus meinen Papieren wurde der stetige Wechsel der Arbeitsstellen deutlich ersichtlich. Er fragte mich, was ich vorher gemacht hätte und warum ich überhaupt nach Westdeutschland gekommen sei. Ich wußte im ersten Moment nicht, was ich antworten sollte, und erzählte von meiner gescheiterten Ehe. Natürlich war dies nicht der Grund, aber irgendeine Erklärung mußte ich ihm ja geben. Ich tischte ihm noch ein paar Lügen auf, weil ich einfach nicht anders konnte. Ich wollte unbedingt Arbeit bekommen.

Für mich war das die Chance, anderen nicht mehr auf der Tasche zu liegen. Nach einigen Nachfragen verblieben wir so, daß er sich melden würde, wenn er sich für mich entscheiden sollte. Zwei Tage später erhielt ich die Nachricht, daß ich zum nächstmöglichen Termin anfangen könnte. Ich war überglücklich. Auch die anderen freuten sich mit mir, und so fing ich an zu arbeiten. Am Anfang fiel es mir schwer, mit den Arbeitskollegen klarzukommen. Aber nach und nach klappte es besser. Meine größte Schwierigkeit bestand darin, morgens aus dem Bett zu kommen. Und zwar deswegen, weil wir immer bis spät in die Nacht quatschten, und morgens mußte ich mir dann Streichhölzer zwischen die Augenlider klemmen, um nicht wieder einzuschlafen. An einem Nachmittag nach der Arbeit fühlte ich mich irre mies, und sofort fiel mir der Typ ein, den ich mit Günter getroffen hatte. Ich wollte einen Druck haben, unbedingt.

Also setzte ich mich in den Bus nach Minden und hoffte, ihn zu treffen. Aber ich fand ihn nicht. Richtig sauer darüber latschte ich durch Minden und dachte über mich selber nach. Es war schon erstaunlich: Kaum fühlte ich mich mies, tauchte schon wieder der Gedanke auf, mir einen Druck zu machen. Warum war das so? Konnte ich nicht zufrieden sein mit dem, was ich hatte? Gab es nicht einen Haufen netter Menschen, die mir helfen wollten, mit meiner Problematik klarzukommen? Stimmte etwas nicht mit meiner Gefühlswelt? Immer wenn diese Feelings kamen, konnte ich auch nicht mehr an Gott glauben, weil ich dann der Meinung war, daß ich mir alles nur eingebildet hatte.

Ich wollte eben nur gute Feelings haben, und wenn es mal langweilig wurde, existierte Gott nicht für mich. Es ist schon immer ein Charakterzug von mir gewesen, die unangenehmen Dinge meines Lebens zur Seite zu schieben. Wenn an solch einem Punkt jemand versuchte, mir etwas zu sagen, was meine Sucht betraf, wurde ich gleich mächtig sauer. Sofort wurde ich bockig und zog mich in mein Schneckenhaus zurück, wo ich schmollte, bis ich entweder schwarz oder weiß sah.

In dieser Stimmung kam ich am Abend nach Hause und log meinen besten Freunden irgend etwas vor. Ich fühlte mich zwar total unwohl dabei und ihnen gegenüber fies, aber ich konnte nicht anders. Nun log ich schon wieder! Ich kam einfach nicht los von diesem Problem. Ich hatte Angst. Ich dachte, wenn ich es ihnen erzählte, würden sie mich vor die Tür setzen.

So passierte etwas, was ich nie mehr tun wollte: Ich isolierte mich von ihnen, machte einfach die Läden zu. Und diese Kluft wurde von Tag zu Tag größer, bis ich schließlich eines Tages nach der Arbeit wieder nach Minden fuhr. Und diesmal traf ich den Typen.

Er bastelte gerade mit einigen Leuten an einem Auto herum. Etwas unsicher ging ich auf ihn zu und begrüßte ihn. Er erkannte mich sofort, und wir kamen ins Gespräch. Ich erzählte, daß ich aus Berlin sei. Meistens wirkt Berlin wie ein Zauberwort, gerade bei Leuten aus einer Kleinstadt. Als ich ihn dann fragte, ob er etwas Heroin zum Verkaufen hätte, schaute er mich komisch an. Er sagte, sie würden alle zusammen zu einem Treffpunkt fahren und erst in zwei Stunden zurück sein. Auf die Frage, ob ich mein Geld schon im voraus geben könnte, mußte ich innerlich lachen. Ablinken lassen wollte ich mich auf keinen Fall.

Aber da er anscheinend nicht genug Geld hatte, spielte ich meinen Trumpf aus. Nur wenn ich mitkommen könnte, würde ich mich bereit erklären, mein Geld dazuzulegen. Er stimmte zu, und ich fuhr mit.

Unterwegs im Auto wurde mir erst richtig bewußt, was ich im Begriff war zu tun. Ich war wieder voll in meine alte Rolle verfallen. Um nicht weiter über mich und Gott nachdenken zu müssen, erzählte ich die tollsten Stories, die ich angeblich in Berlin erlebt hatte. Einiges stimmte auch, aber meistens war es irre dick aufgetragen. Wir kamen zum Treffpunkt, einem alten Kohlenlagerplatz, auf dem schon mehrere Autos standen. Nach einer halben Stunde kam dann das ersehnte Auto mit dem Dealer. Schnell wurden die Geschäfte abgewickelt, und jeder fuhr davon.

Einige Kilometer vom Treffpunkt entfernt fuhren wir in eine Waldschneise und teilten das Dope. Natürlich wollte sich jeder gleich seinen Schuß setzen, aber wir hatten nur eine Fixe. Nach kurzer Streiterei war die Reihenfolge geklärt, und die Spritze machte die Runde. Wir hatten extra eine Coca-Cola-Flasche mit Wasser mitgenommen, um die Fixe vom Blut der anderen reinigen zu können.

Gleich nachdem ich mir den Druck gemacht hatte, fiel mir auf, daß das frühere Feeling nicht richtig aufkam. Es brachte mir im Grunde überhaupt nichts, nur ganz miese Gefühle. Die anderen waren richtig voll, nur bei mir war es anders.

Spät abends kam ich wieder in Lohfeld an, wo ich schon erwartet wurde. Wie mir dabei zumute war, den andern in dieser Verfassung im Wohnzimmer gegenüberzusitzen, kann sich kaum jemand vorstellen. Sie fragten mich, warum ich das getan hätte, es wäre doch nicht nötig gewesen. Zuerst stritt ich alles ab und fragte, was sie eigentlich wollten, ich hätte doch nichts getan. Aber ich kam mir schon blöde vor. Sie kannten sich ja aus, und ich konnte ihnen nichts vormachen. Natürlich glaubten sie mir nicht.

In dieser Nacht konnte ich kaum schlafen, dachte über alles nach und fragte mich selbst, warum ich wieder gedrückt hatte. Diese Ohnmacht, die ich in mir spürte, machte mich wütend auf Gott und auf die Leute in Lohfeld. Ich hatte ihnen etwas vorlügen wollen, obwohl mir klar war, daß sie wußten, daß ich einen Druck intus hatte. Doch ich tat nichts, um diese Sache aus dem Weg zu räumen. Einige Tage stand sie zwischen uns. Ruth erfuhr auch davon und kam zu uns herauf, um mit mir zu sprechen. Aber auch ihr gegenüber konnte ich nicht ehrlich sein und erzählte irgendeine Nebensächlichkeit, kam aber nicht auf den Rückfall zu sprechen. Sie meinte, wenn ich so unehrlich sei, könnte Gott mir auch nicht helfen, denn es stände etwas zwischen mir und ihm. Aber das wußte ich selbst, denn ich konnte nicht mehr beten, und mein Gewissen klagte mich ständig an.

Meine Schwierigkeiten nahmen ständig zu. Auf der Arbeit trank ich bereits wieder mehr Alkohol als gut war. Ich konnte mich selbst nicht mehr riechen, dauernd war ich gereizt und aggressiv, bis ich eines Tages einen Unfall hatte.

Ich stand gerade an einer Wickelpresse für dicke Bleche und richtete eine Platte aus. Als ich den Bügel zurücklegte und die Presse herunterging, verrutschte das Blech. Ich wollte es in die richtige Stellung drükken, blieb aber mit dem Lederhandschuh an irgendeiner Ecke hängen und kam nicht mehr rechtzeitig aus dem Handschuh heraus. Ich spürte nur noch einen lähmenden Schmerz und sah, wie meine Hand unter der Presse lag. Meine vorderen drei Fingerspitzen waren zwischen Blech und Presse geraten.

Erst nach einigen Sekunden, als der Preßvorgang beendet war, konnte ich die Hand herausziehen. Mit schmerzverzerrtem Gesicht brach ich an der Presse zusammen und kroch auf allen Vieren herum. Ich schrie laut auf, aber niemand hörte etwas. Schließlich sah mich der Kollege, mit dem ich zusammengearbeitet hatte. Die Schmerzen waren so stark, daß ich weder etwas sagen noch denken konnte. Jemand zog mir den Lederhandschuh von meiner Hand. Da wäre ich beinahe in Ohnmacht gefallen. Von den Fingern war nur noch eine blutige Masse übriggeblieben. Ein Kollege fuhr mich dann schnell zu einem Unfallarzt, der mich behandelte und die geplatzten Fingerkuppen nähte. Er meinte, mit etwas Glück könnten die drei Finger dran bleiben. Warum mußte gerade mir das geschehen?

Mein Chef fuhr mich nach Hause und meinte unterwegs, an dieser Maschine sei noch niemand vorher verunglückt. Petra und Günter staunten nicht schlecht, als ich mit dick verbundener Hand auftauchte. Ich erzählte ihnen kurz, was geschehen war, und hatte dann nur noch den Wunsch zu schlafen. Aber die Schmerzen wurden immer stärker, je mehr die örtliche Betäubung nachließ. Ich schluckte eine Schmerzpille nach der anderen, doch nichts half. Petra rief dann noch bei Ruth zu Hause an und bat sie zu kommen. Sie kam auch sofort und brachte Valoron mit. Natürlich halfen die Tropfen, denn es ist ein sehr starkes Mittel, das ich ja noch aus meiner Fixerzeit kannte. Günter bekam die Tropfen zur Aufbewahrung, damit ich nicht auf falsche Gedanken kommen könnte.

In der nächsten Zeit wurde ich viel umsorgt und verwöhnt. Ruth und Annemarie kamen oft zu Besuch, brachten mir Bücher mit, und wir beteten auch zusammen. Sie sagten, die ganze Gemeinde würde dafür beten, daß ich meine Finger wieder gebrauchen könnte. Langsam fand ich wieder Vertrauen zu mir und den anderen. Ich bat alle um Verzeihung für mein komisches Verhalten an dem Tag meines Rückfalls.

Die Zeit meiner Krankheit nutzte ich und las sehr viel in der Bibel, dachte über meine Vergangenheit und meine Zukunft nach. An einigen Stellen sah ich schon Veränderungen in meinem Leben, seit ich angefangen hatte, Gott zu vertrauen. Es gab ganz bestimmte Punkte in mir, die nur ich kannte und sonst niemand. Durch meine mehr als dreieinhalbjährige Heroinabhängigkeit war ich zu einem hilflosen Menschen geprägt und geformt worden. Klar, ich war selbst daran schuld, niemanden konnte ich dafür zur Rechenschaft ziehen. Trotzdem versuchte ich anfänglich immer einen zu finden, dem ich alles zuschieben konnte. Erst nach und nach erkannte ich, daß ich mich selbst in den Abgrund hineinmanövriert hatte

Mein stärkstes Problem war der Haß auf meine sogenannte Frau. Die Wunden, die sie mir geschlagen hatte, saßen tief. Doch mit der Zeit konnte ich ihr immer mehr vergeben.

Ein anderes Problem waren meine Minderwertigkeitskomplexe. Aber auch sie waren nicht mehr so stark wie früher. Ich selbst fing an, mich zu lieben. Früher hatten die Leute immer über meine Nase hergezogen und sich über mich lustig gemacht. Dieser Spott fraß sich im Laufe der Zeit bei mir fest. Um über dieses Problem hinwegzukommen, schob ich meine Körperkräfte in den Vordergrund. Irgendwie suchte ich eine Anerkennung. Beim Kiffen war's genauso. Wenn ich ein Schilum ohne zu husten angeraucht hatte, war ich ein starker Typ. Aber wehe, wenn ich hustete! Dann war ich ein Anfänger. Das war nun alles vorbei, und auf einmal stellte ich fest, daß ich mich annehmen konnte, einschließlich meiner Nase. Eigentlich ist dieser Vorgang unerklärlich. Fest steht aber, daß ich mich erst veränderte, als ich mich zu Jesus Christus bekannte.

Nur mein Gefühlsleben bekam ich nicht richtig unter Kontrolle. Körperlich hatte ich keine Schwierigkeiten mehr, der Entzug war überstanden. Doch das Verlangen nach der Droge tauchte immer wieder auf. Manchmal wußte ich nicht mehr, wie ich es schaffen sollte, clean zu bleiben. Nachts träumte ich von Dope und wachte dann schweißgebadet auf. Oder ich hatte einmal schlechte Laune, sofort war dieses Gefühl der Gier nach Heroin wieder da. Wie lange sollte es noch dauern, bis ich alles vergessen hatte? Eins war klar: Wenn nichts Einschneidendes in dieser Sache geschah, mußte ich damit rechnen, häufiger rückfällig zu werden.

Etwa vier Wochen nach dem Unfall passierte etwas, das mir beinahe das Leben kostete. Meine Hand war noch dick verbunden, und ich fühlte mich irgendwie down. Alles stank mir, und ich wollte unbedingt etwas unternehmen. Wieder folterten mich meine Sinne, die unaufhörlich nach Heroin schrien. Ohne viel zu überlegen, schwang ich mich aufs Fahrrad und fuhr nach Rinteln zur Bank. Dort hob ich einen Teil meines Krankengeldes ab und fuhr mit dem Bus nach Minden. Wie ein armer Irrer rannte ich durch die Stadt, um die Leute zu finden, mit denen ich das letzte Mal gedrückt hatte. Warum diese ganze Aktion? Gab es denn nichts, was mir half, der ganzen Sache den Rücken zu kehren? Wie oft hatte ich schon gespürt, daß Gott mir geholfen hatte. Aber in dieser Situation? Mir kam es vor, als ob Gott ganz weit weg wäre. Wie gern hätte ich ein neues Leben angefangen, aber mir fehlte einfach die Kraft dazu. Die Gier nach Dope war stärker als alles andere. Ich konnte nicht mehr kämpfen.

Ich erinnerte mich an den Namen einer Kneipe, in der sich Kiffer und anderes Gesocks herumtrieben. Nach langem Herumgelatsche fand ich sie, und dort traf ich auch einen Typen, den ich schon kannte. Kaum war ich drin, fragte ich ihn schon nach Dope, aber er hatte nichts. Er erzählte mir, daß am Nachmittag ein Treff sei. Wenn ich Interesse hätte, könne ich ihm ja Geld mitgeben, denn es wäre ein geheimer Treff. So ein Idiot! dachte ich. Der glaubt doch tatsächlich, ich würde ihm die Story abkaufen! Das konnte auch nur so ein Typ vom Land versuchen. Daß der auf Turkey war, konnte doch eine Oma sehen. Jetzt stand ich da und wußte nicht, was ich machen sollte. Ich stellte mich an die Theke und kippte einen Schnaps nach dem anderen. Ich wollte mich unbedingt betäuben. Auf keinen Fall nachdenken, bloß nicht nachdenken! Wie lange ich dort rumstand, trank und vor mich hinstierte, weiß ich nicht mehr. Ich hatte beschlossen, alle Brücken hinter mir abzubrechen. Es gab doch keine wirkliche Heilung für einen Junkie. Bist du einmal drauf, bleibst du's immer. Obwohl ich Unmengen an Alkohol getrunken hatte, wurde ich nicht betrunken. Zurückgehen nach Lohfeld konnte ich nicht mehr, ich konnte keinem in die Augen schauen. Da waren so starke Leute, die mir schon so viel geholfen hatten. Da waren Ruth und Annemarie, die ständig bereit waren zu helfen. Petra, Michael und Günter waren die ersten richtigen Freunde in meinem Leben – und ich, was machte ich? Und Gott? Nein, der konnte mit mir auch nichts anfangen. Ich war viel zu verlogen und unfähig, ein neues Leben zu beginnen.

In der Zwischenzeit kamen immer mehr Fixer in die Kneipe, alle waren auf Turkey. Der Typ, den ich mit Günter getroffen hatte, kam auch. Wir setzten uns alle an einen Tisch und quatschten miteinander. Allem Anschein nach gab es nirgends Dope. Schließlich kam der Vorschlag, einer könne doch nach Holland fahren. In Amsterdam gäbe es ausreichend Dope, und dazu irre billig. Aber diese Idee war wohl nicht das Richtige. Kurze Zeit später rückten die ersten wieder ab in der Hoffnung, woanders etwas zu bekommen.

So blieben wir zu dritt am Tisch sitzen, redeten weiter über Amsterdam und daß es dort starkes Heroin gäbe. Wieder fragte der eine, ob wir nicht doch nach Holland fahren sollten, es wären nur einige Stunden bis dorthin. Er selbst kannte in Amsterdam eine Kneipe, in der er früher öfters Dope gekauft hatte. Doch wer sollte fahren?

Weil mir sowieso alles egal war, sagte ich, daß ich rüberfahren würde, wenn einer mitkäme. Dann fiel mir ein, daß ich gar keinen Ausweis dabei hatte und ihn erst in Lohfeld holen mußte. Bei dem Gedanken an Lohfeld wurde mir total übel. Nein, ich konnte nicht zurück, sie würden sofort fragen, was los sei. Aber auch diesmal gewann die Gier nach Dope, und wir fuhren mit dem Auto nach Lohfeld. Den Wagen ließ ich einige Häuser vor dem Hof halten. Mir selbst wurde ganz mulmig, als ich auf das Haus zuging. Ausgerechnet als ich durch die Tür trat, kam Petra mit Benjamin die Treppe herunter. Wir sahen uns in die Augen, und Petra wußte sofort, was los war. Ich ließ sie erst gar nicht zu Wort kommen, stürzte in mein Zimmer, holte den Ausweis und lief wieder an ihr vorbei hinaus zum Auto.

Am Bahnhof angekommen, rannten wir wie die Verrückten auf den Bahnsteig, weil der Zug gerade eingefahren war. Ohne lange zu zögern sprangen wir in den Zug. Wenn wir auf dem Bahnhof länger hätten warten müssen, wäre ich vielleich umgekehrt.

Im Abteil sprach ich nicht viel, weil ich nicht reden wollte. Ich war innerlich zerrissen, jeder Gedanke, der mir in den Sinn kam, war eine Qual. Mein Gewissen versuchte ich dauernd zu beruhigen. Ich redete mir ein, daß alles so kommen mußte, wie es jetzt kam. Die anderen waren selbst schuld, wenn sie das Risiko eingegangen waren, in einen Junkie Mühe zu investieren. Um alles in meinem Kopf abzuschalten, summte ich einfach einige Lieder vor mich hin und blätterte in einer Zeitung.

Es wurde bereits dunkel, als wir in den Amsterdamer Hauptbahnhof einfuhren. Schon in der Halle sah man abgewrackte Fixer herumstehen, die jeden anschnorrten. Mein Begleiter kannte sich wirklich gut aus, und wir liefen, so schnell wir konnten, durch viele enge Gassen zu dem Haus, in dem der Dealer wohnte.

Auf ein bestimmtes Klopfzeichen hin wurde die Tür

einen Spalt weit geöffnet, und ein Mann mit total eingefallenem Gesicht schaute heraus. Er ließ uns gar nicht erst zu Wort kommen und sagte nur: „Nichts zu machen." Dann liefen wir weiter und merkten, daß uns ein Pärchen verfolgte. Irgendwann blieben wir einfach stehen und ließen sie zu uns herankommen. Mein Begleiter quatschte sie an, dabei stellte es sich heraus, daß es ebenfalls Fixer waren. Sie waren auf Turkey und suchten nach Leuten, die Dope kaufen wollten. Wir waren ihnen aufgefallen, und darum folgten sie uns. Sie kannten angeblich eine Kneipe, in der Schwarze dealen würden. Mein Kumpel war sofort skeptisch als er das Wort „Schwarze" hörte. Es war allgemein bekannt, daß sie linkten. Aber meine Gier stieg immer weiter, so daß ich das Risiko eingehen wollte.

Ich ging dann mit dem Pärchen in diese Kneipe und stellte mich an die Theke. Sofort spürte ich, daß uns die Leute musterten. Wir waren ja auch die einzigen Weißen im Raum. Kurze Zeit später kam ein stämmiger Schwarzer auf mich zu und fragte, was ich wollte. Ich sagte es ihm, er ließ sich das Geld geben und verschwand im Nebenraum. Ein anderer Farbiger postierte sich an der Eingangstür und paßte auf. Ich hatte den Eindruck, daß der ganze Laden ein Umschlagplatz für Heroin war. Einige Augenblicke später erschien der Schwarze wieder, drückte mir mit einem breiten Grinsen das Dope in die Hand und meinte: „Bis bald." Draußen holte ich erstmal tief Luft, denn ich hatte echt Muffe gehabt, daß die mich linken würden.

In der Nähe des Bahnhofs gingen wir in ein Hotel und fragten nach einem Zimmer. Der Empfangstyp musterte uns ganz komisch, als wir ihn fragten. Wahrscheinlich dachte er, wir wären homosexuell.

Wir bekamen ein kleines Zimmer und fingen gleich

an, uns einen Schuß zu setzen. Es war sehr starkes Dope, und beinahe hätte es mich umgehauen. Wir saßen die ganze Nacht zusammen und quatschten nur blödes Zeug. Sobald eine Redepause entstand, mußte ich sofort an Lohfeld denken, an die Leute dort, an Ruth, Annemarie und an Gott. Wenn der Typ nicht dabeigewesen wäre, hätte ich glatt geheult. Mir mar wirklich danach. Vor mir auf dem Tisch lag das, was mein Leben diktierte: Eine Spritze, ein verrußter Löffel, ein Glas Wasser mit Blut vermischt, Streichhölzer und ein Briefchen mit Heroin. Was sollte ich tun? Es gab ja nichts, was mir noch helfen konnte. Ich wollte nicht weiterdenken und machte mir noch einen dicken Druck, der mir für einige Zeit die Lichter ausknipste.

Als es hell wurde, machten wir uns fertig, bezahlten das Zimmer und gingen zum Bahnhof. Ich wollte so schnell wie möglich wieder zurück, bloß nicht länger hierbleiben! Aber was sollte werden, wenn ich in Minden angekommen war? Wie sollte es dann weitergehen?

Am Schalter mußten wir feststellen, daß wir nicht mehr genügend Geld für die Rückfahrt hatten. Ich war mächtig sauer auf den Typen, auf mich, auf fast alles, was mir über den Weg lief.

Wir kauften uns dann Karten bis nach Bünde, weiter reichte das Geld nicht. Im Zug dachten wir noch an die Möglichkeit, einfach weiterzufahren, wenn keine Kontrolle käme. Aber sie kam, und wir mußten aussteigen. Jetzt standen wir da und wußten nicht, wie wir die letzten 20 Kilometer abreißen sollten. Nach einiger Zeit kam der Typ auf die Idee, einen Freund anzurufen, der uns abholen könnte. Als Belohnung würde er einen Schuß bekommen. Wir kratzten die letzten Groschen zusammen und gingen in eine Telefonzelle, erreichten aber niemanden. Dann riefen wir noch den Typen an, den ich mit Günter getroffen hatte, und der versprach, sofort zu kommen. Na klar, sofort, denn er war ja genauso dran wie ich und viele andere.

Kurze Zeit später trudelte er ein, und wir sahen ihm sofort an, daß er unwahrscheinlich gierig war. Wir fuhren nur ein Stück aus dem Ort hinaus und wollten uns gleich in einem Wald einen Schuß machen. In mir war nur noch Gleichgültigkeit, Resignation, Hoffnungslosigkeit. Der Typ gab mir den Löffel, Fixe und die Flasche Cola, die mit Wasser gefüllt war. Langsam reinigte ich die Spritze vom Blut meines Vorgängers, nahm den Löffel und ließ das Heroin draufrieseln. Ich merkte genau, daß das Dope auf dem Löffel für mich viel zuviel war. Aber ich tat auch nichts dagegen, mir war sowieso alles egal. Vielleicht wollte ich sogar die Überdosis.

Ich begann, das Heroin mit Wasser aufzukochen, tat ein Stück Watte in den Löffel und filterte das Dope, indem ich die Nadel auf die Watte drückte, und zog an. Dann klopfte ich gegen die Spritze, um die Luftbläschen herauszubekommen und band mir den Arm ab. Die Venen traten hervor, und ich stach die Achtzehner-Nadel hinein, zog ein Stück an, und das Blut, das in die Fixe floß, zeigte an, daß ich richtig getroffen hatte. Ich löste den Gürtel, der meinen rechten Oberarm einschnürte und drückte ganz langsam den Inhalt der Spritze in die Vene. Schon Sekunden später, ich kam gar nicht mehr zum Denken, fühlte ich eine Macht in mir, die mich zu Boden drücken wollte. Und dann gingen die Lichter bei mir aus.

Ich weiß nicht, wieviel Zeit vergangen war, plötzlich sah ich mich auf dem Waldboden liegen, so als wenn ich fernsehen würde. Ich sah mich selbst dort liegen, Ralf Arndt sah Ralf Arndt. Mann, was ist los?

Ist das der Tod? Es war alles ruhig, nichts war zu hören. Auf einmal sah ich, wie sich der eine Typ über mich beugte und Mund-zu-Nase Beatmung machte.

Einige Augenblicke später empfand ich wieder meinen Körper, ich nahm wahr, daß die Sonne durch meine geschlossenen Augen hindurch das Dunkel erhellte, das in mir war. Langsam öffnete ich die Augen, und in mir meinte ich eine Stimme zu hören, die sagte: „Du hast Gnade bei mir gefunden, ich will dich erfahren lassen, was Leben heißt."

Im selben Moment sah ich den blauen Himmel und wußte, es würde einen ganz neuen Anfang für mich geben. Ich versuchte, das Erlebte richtig zu erfassen, aber es war wie ein Traum. Lebte ich wirklich noch, oder war ich schon auf der anderen Seite des Lebens? Trotz der starken Kopfschmerzen fühlte ich mich wie neu geboren. Für mich war dieses Erlebnis, diese Stimme in mir ein Geschenk Gottes an mich. Er bewies mir seine Gnade und gab mir nochmals die Chance, ein neues Leben zu beginnen, das nur aus ihm kommen kann.

Jetzt begann ich auch die momentane Situation zu erfassen. Der Typ kniete noch neben mir und sah mich ziemlich verstört an. „Mensch, was war denn los mit dir? Du wärst mir beinahe abgekratzt!" Er half mir ins Auto, aber irgend etwas stimmte nicht mit mir. Ich konnte nicht richtig sehen und hatte irre Kopfschmerzen. Dauernd redete der Typ davon, was alles passiert wäre, wenn ich abgenippelt wäre. Er hat wirklich Ängste dabei ausgestanden. Klar, wenn die Polizei mich gefunden hätte, hätte das Ärger gebracht. Aber ich lebte – und in mir wuchs die Hoffnung, daß dieses Leben jetzt anders verlaufen würde.

Wir fuhren nach Minden hinein, und ich ließ mich irgendwo absetzen. Ich wollte einfach erst einmal allein sein. Wie sollte es jetzt weitergehen? Sollte ich zurück nach Lohfeld? Wieder stand ich vor der Kneipe und zögerte, hineinzugehen. Doch der Durst und meine volle Blase gewannen. Auf der Toilette bekam ich einen Schock, als ich in den Spiegel schaute. Mein linkes Auge stand total in der oberen Ecke, darum konnte ich nicht richtig sehen. Mann, ich fing an zu heulen und konnte es nicht fassen. Jetzt war ich also entstellt! Ich versuchte, mich wieder zu beruhigen und ging gleich zum Ausgang. Ich mußte raus.

Draußen auf der Straße lief ich hin und her, dunkel war es auch schon. Was sollte ich nur tun? Ich fummelte in meiner Hosentasche herum und fand schließlich einen Zettel mit der Telefonnummer von Ruth Müller. Ein Stück weiter vor mir stand eine Telefonzelle. Unschlüssig ging ich davor auf und ab. Sollte ich sie anrufen? Wie würde sie reagieren? Ich wählte schließlich doch ihre Nummer, ohne zu wissen, was ich ihr sagen sollte. Sie meldete sich, und als ich meinen Namen sagte, platzte sie nur heraus: „Ralf, wo bist du denn? Wir haben uns einen Haufen Sorgen gemacht. Was ist geschehen?" Ich wollte am Telefon nicht darüber reden, und sie versprach, mich sofort zu holen.

Nach ungefähr einer halben Stunde kam sie. Man sah ihr wirklich an, daß sie sich um mich gesorgt hatte. Im Auto konnte ich einfach meinen Mund nicht aufbekommen. Sooft ich etwas sagen wollte, spürte ich einen Kloß im Hals und fing an zu heulen. Was hätte ich auch sagen sollen, außer daß es mir wirklich leid tat? Zu Hause bei Ruth konnte ich dann erzählen, was geschehen war. Unter ständigem Heulen brachte ich Wort für Wort heraus, auch das, was ich beim letzten Schuß erlebt hatte. Ruth fing auch an zu weinen, und schließlich beteten wir zusammen. Ich bat Gott um Vergebung für den ganzen Mist, den ich wieder gebaut hatte, und bat ihn darum, mich ganz zu erneuern. Ich wollte ein Mensch sein mit reinem Gewissen und ehrlichem Herzen. Niemals mehr wollte ich lügen, weil ich wußte, daß es mich kaputtmacht. Alles, wirklich alles, was mir einfiel, sagte ich Gott. Ich tat Buße. Wie lange wir gebetet hatten, weiß ich nicht, aber es war schon spät geworden. Da ich nicht bei Ruth bleiben konnte und es schon zu spät war, um nach Lohfeld zu fahren, rief sie bei Hilde Gräf an. Die sagte ohne Zögern zu, und ich konnte in ihrer Wohnung übernachten. Dort sprachen wir noch über einige Sachen, auch daß Ruth mich am nächsten Morgen zum Gottesdienst abholen würde.

An diesem Abend konnte ich mich total erleichtert ins Bett legen und freute mich darüber, daß ich Gott alles gesagt hatte. Eines wußte ich ganz gewiß: Er hatte mich erhört.

Am nächsten Morgen fühlte ich mich wie auf einem Entzug, hatte noch Kopfschmerzen und Gliederschmerzen. Unwillig tapste ich zum Waschbecken und schaute in den Spiegel. Einen Schönheitswettbewerb hätte ich garantiert nicht gewonnen. Aber auf einmal stutzte ich: Mein Auge war wieder in der richtigen Stellung. Mensch, war ich glücklich! Vor Freude vergaß ich sogar meine Kopfschmerzen und alles andere. Für mich war klar, daß auch das ein Handeln Gottes in meinem Leben war. Es war fantastisch.

17

Schließlich ging ich dann auch wieder nach Lohfeld. Nach Gesprächen mit Michael und Petra durfte ich bei ihnen bleiben. Da ich immer noch krankgeschrieben war, nutzte ich die Zeit, um mir Fragen, die ich hatte, von Gott beantworten zu lassen. Eines Tages ging ich allein spazieren, meine Bibel unter dem Arm. Ich suchte Antwort auf die Frage, was Gott mit mir vorhatte, was er aus meinem Leben machen wollte. Ruth hatte mir erzählt, daß Gott einen Plan für jedes Leben hätte, und in manchen Fällen wären es ganz besondere Pläne. Sie meinte, Gott hätte etwas ganz Bestimmtes mit mir vor, nur brauche ich noch etwas Reifezeit. Die Frage, welchen Plan Gott für mich hatte, bohrte ständig in mir.

Ich setzte mich an einen Hang, nahm die Bibel und fing an zu beten. „Bitte, rede du zu mir, Vater, und mach mir verständlich, wie es weitergehen soll. Was hast du vor mit mir?" Weil ich nicht wußte, wie und in welcher Form Gott antworten würde, wartete ich einige Momente und horchte, ob ich nicht wieder eine Stimme hören würde. Aber ich konnte nichts hören. So schlug ich schließlich die Bibel auf. Irgend jemand hatte mir einmal gesagt, daß Gott auch durch die Bibel reden würde. Ich schlug eine Seite im Alten Testament auf und las 1. Könige 19. Zwei Verse blieben bei mir haften, ich wußte nicht, warum: „Und er legte sich und schlief ein unter dem Ginsterstrauch. Und siehe, ein Engel rührte ihn an und sprach zu ihm: Stehe auf und iß! Und als er sich umsah, siehe, da war zu seinem Haupte ein auf heißen Steinen gebackener

Brotkuchen und ein Krug Wasser. Und als er gegessen und getrunken hatte, legte er sich wieder schlafen. Und der Engel des Herrn kam zum zweitenmal und rührte ihn an und sprach: Stehe auf und iß; denn du hast einen weiten Weg vor dir! Und er stand auf, aß und trank und ging kraft dieser Speise vierzig Tage und Nächte lang, bis an den Berg Gottes Horeb." Ich hatte keine Ahnung, was diese Stelle für mich bedeuten sollte, und ging zum Hof zurück.

Ruth kam bald darauf zum Kaffee zu uns und erzählte, daß in Essen eine Art Seminar stattfinden würde, zu dem sie mich angemeldet hätte. Anfangs war ich davon begeistert, aber einen Tag bevor wir hinfuhren, machte ich einen Aufstand. An diesem Tag hatte ich ausgesprochen schlechte Laune und hatte überhaupt keine Lust wegzugehen. Schließlich fuhr ich dann aber doch mit.

In Essen wurden wir vom Bahnhof abgeholt. Etwas komisch war mir schon, weil ich keine Ahnung hatte, was auf mich zukommen würde. Dieser Tag wurde jedoch ausschlaggebend für mein ganzes Leben. Als wir im Konferenzhotel ankamen, wurde mir mein Zimmer gezeigt. Ich schlief in einem Dreibettzimmer. Das Hotel war echt klasse, hatte sogar einen schönen Swimmingpool und eine angenehme Atmosphäre. Am Nachmittag war Seminarbeginn. Das Durchschnittsalter der Teilnehmer lag bei ungefähr fünfzig Jahren. Etwas fehl am Platze fühlte ich mich schon. Dann wurde der Sprecher des Seminars vorgestellt, ein Franzose. Da er sehr gut deutsch sprechen konnte, war es kein Problem, alles zu verstehen. Er sprach über den Heiligen Geist und berichtete dabei sehr lebendig von seinen eigenen Erfahrungen.

Ich war froh darüber, daß das Ganze doch etwas lockerer war, als ich es mir unter dem Begriff „Seminar" vorgestellt hatte. Das Talent des Redners bestand darin, sein Leben so bildhaft zu erzählen, daß ich richtig mitging.

Am nächsten Morgen nahm ich das Angebot wahr und schwamm einige Runden im Swimmingpool. Da meine Hand noch verbunden war, steckte ich sie in eine Plastiktüte und band ein Gummiband darum. So konnte ich ungestört planschen. Übrigens war die Hand Gegenstand meiner ständigen Sorgen. Ich mußte jede Woche zum Verbandswechsel und sah dadurch immer die Finger, die nicht gerade einen sehr schönen Anblick boten. Aber sie konnten wenigstens dranbleiben.

Nach dem Frühstück begann wieder das Seminar. Teils freute ich mich darauf, teils saß ich mit gemischten Gefühlen da. Aber wieder packte mich der Bericht, wobei ich kurze Einblicke in das Reich Gottes erhielt. Am Abend geschah dann folgendes: Der Franzose fragte, ob alle bereit wären, eine Gebetsversammlung zu machen. Alle waren einverstanden, und so geschah es. Für mich war völlig neu, was jetzt ablief. Eine Frau ging ans Klavier und spielte Lieder, die anscheinend die meisten schon kannten, nur ich nicht. Aber es war egal, denn es waren so rhythmische Lieder, daß ich mitklatschen konnte. Zwischendurch beteten verschiedene Personen und baten Gott, an diesem Abend Menschen mit dem Heiligen Geist zu erfüllen.

Auch ich machte an diesem Abend eine Erfahrung mit dem Heiligen Geist. Es geschah etwas mit mir, daß ich ziemlich schwer, beziehungsweise zunächst einmal gar nicht verstehen konnte. Vor mir stand plötzlich ein Bild. Anfangs war es schwer zu erkennen, aber nach und nach wurde es klarer. Ich sah eine lange Straße vor mir, mit verkommenen Häusern und schmutzigen Rinnsteinen. In einem Hausflur stand eine Prostituierte, die ihre Liebesdienste anbot. Ein Haus weiter spielten Kinder mit traurigen Gesichtern, und an der nächsten Ecke saß ein Junkie. Er war gerade dabei, sich seinen Schuß zu setzen. Dann verschwand dieses Bild, und ich sah ein großes Buch vor mir. Das war alles.

Ich war ziemlich hilflos, doch kurze Zeit später vernahm ich wieder eine Stimme in mir, die mir sagte: „Ich möchte dich dorthin zurückschicken, woher du gekommen bist." Obwohl ich das Bild deutlich gesehen und die Stimme ebenso deutlich gehört hatte, kam es mir wie eine Art Tagtraum vor. Ich wußte einfach nicht, was ich davon halten sollte.

Aber wenn es eine Antwort auf meine Frage war, die ich Gott einmal in Lohfeld gestellt hatte, dann wollte ich darüber nachdenken, auch wenn mir alles zu fantastisch und zu hoch schien. An diesem Abend wurde noch für mich gebetet, und dabei sagte der Franzose zu mir: „So wie sich eine Tür in ihren Angeln bewegt, so fest sollst du mit Gott verbunden sein, damit du ein gutes Werkzeug in seinen Händen wirst."

Ich kam mir vor wie ein Träumender. Es wurden immer noch Lieder gesungen und Gott angebetet. Als ich gegen Ende der Veranstaltung auf die Uhr schaute, waren fast drei Stunden vergangen. Ich konnte es kaum glauben. Für mich war dieser Tag ein großes Fest, und ich war erfüllt von Dankbarkeit. Noch viel wurde an diesem Abend geredet, aber ich war kaum noch bei der Sache, denn meine Gedanken mußte ich erst einmal sortieren. Am nächsten Tag fuhren wir dann nach Minden zurück.

Als ich in Lohfeld ankam, sah Petra sofort, daß etwas mit mir geschehen war. Sie sagte, daß ich so richtig strahlen würde. Und ich war auch so glücklich und froh wie selten in meinem Leben.

Allmählich wurde die Frage akut, wie es mit mir weitergehen sollte. In der Zwischenzeit war mir von meinem Arbeitgeber gekündigt worden. Wir sprachen gemeinsam über diese neue Situation, und Ruth meinte, vielleicht wäre es am besten, wenn ich eine Rehabilitation machen könnte. In Braunschweig sollte es ein Rehabilitationszentrum geben, das auf christlicher Basis arbeitete. Der Gedanke war nicht schlecht, denn mir war völlig klar, daß ich allein noch nicht lebensfähig war. Aber das hieße auch weg von Lohfeld, von Michael, Petra, Benjamin, Günter, Ruth und Annemarie. Schon der Gedanke daran machte mich traurig, doch irgendwie mußte es ja weitergehen mit mir. Außerdem waren da noch einige ungeklärten Dinge, zum Beispiel der Scheckbetrug und anderes. Bestimmt würde ich eines Tages dafür zur Rechenschaft gezogen werden. Ich wunderte mich sowieso schon, daß noch nichts in dieser Richtung passiert war.

Eines Morgens kreuzte Klaus wieder auf. Natürlich freuten wir uns alle darüber, und ich ganz besonders. Er war es doch, der mich damals auf der Szene aufgegabelt hatte. Fast fünf Monate waren seitdem vergangen. Wieviel hatte ich doch in dieser Zeit erlebt und wieviel hatte sich bei mir verändert! Ich sprach mit Klaus über die Idee mit der Rehabilitation, und er war auch der Meinung, daß es gut für mich wäre. Noch am selben Tag fuhren wir mit Günters Auto nach Braunschweig, um mit dem Leiter des Zentrums zu sprechen.

Als wir dort ankamen, sagte man uns, daß alle in einem Hotel am Hauptbahnhof seien, um dort eine größere Veranstaltung vorzubereiten. Also fuhren wir dorthin. Nach einigem Suchen trafen wir den Mann, der für die Rehabilitationsarbeit verantwortlich war. Aber das Gespräch mit ihm war nur von kurzer Dauer. Er fragte mich, wie lange ich jetzt schon drogenfrei sei, und ich erzählte ihm schnell meine Geschichte, auch von meinen Rückfällen und so. Er meinte dann, ich würde keine Reha mehr brauchen, sondern sollte mich weiterhin nur auf Gott verlassen und ihm mehr vertrauen.

Na ja, da stand ich nun und hatte keine Ahnung, was weiter geschehen sollte. Klaus traf in diesem Hotel noch einen alten Freund, den er schon lange kannte. Er hieß Martin und ging zur Zeit auf eine Bibelschule. Wir setzten uns in einer Ecke zusammen, und ich erzählte ihm mein Erlebnis in Essen. Etwas unsicher sprach ich von dem Bild, das ich gesehen hatte, und dem Vers in der Bibel, der seit Lohfeld für mich eine besondere Bedeutung hatte. Am Schluß beteten wir noch zusammen und erbaten Gottes Führung für mich. Nach diesem Gebet fühlte ich mich echt erleichtert. Ich konnte Gott wirklich vertrauen, daß er mein Leben gestalten würde.

Am Abend traf ich noch den Leiter der Bibelschule, an der auch Martin war, und erzählte nochmals meine ganze Geschichte. Schließlich fragte er mich, ob ich bereit wäre, Gott von ganzem Herzen nachzufolgen. Als ich diese Frage bejahte, meinte er, ich könne eventuell auch zur Bibelschule kommen. Er fügte dann noch hinzu, er würde mit seinen Mitarbeitern darüber beten und ich solle ihn in einer Woche anrufen. Und das finanzielle Problem würde bestimmt geregelt werden, wenn es Gottes Wille sei, daß ich zur Bibelschule gehen sollte. Zum Abschied umarmte er mich noch und wünschte mir Gottes Segen.

Ich stand da und wußte gar nicht, wie ich reagieren sollte. Das war zuviel für mich. Aber ich hatte ja schon einmal erlebt, daß Gott einem Menschen aufs Herz legte, mir zu helfen.

In den Jahren meiner Abhängigkeit hatte ich die Menschen und auch mich selbst kennengelernt. Die Menschheit ist durch und durch geprägt vom Egoismus. Sehen wir nicht das Spiegelbild dieser Verhaltensweise in unserer Gesellschaft, oder noch besser, in uns selbst? Warum gibt es denn so viele Menschen, die sich einsam fühlen mitten unter den Hunderttausenden einer Großstadt? Für mich war klar, wenn es Gott möglich war, mein Leben zu verändern, dann könnte er es auch bei vielen anderen tun. Dieser Gedanke faszinierte mich. Wenn alle Menschen Buße tun würden, das heißt, wenn sie ihren Egoismus loslassen könnten, dann wäre das Paradies auf Erden da. Einen kleinen Teil davon konnte ich schon in meinen persönlichen Erlebnissen entdecken.

Spät in der Nacht fuhren wir wieder zurück nach Lohfeld. Teilweise war so ein dichter Nebel, daß ich aussteigen und vor dem Auto hergehen mußte. Immer wieder beschäftigte mich der Gedanke, wie sich die Mitarbeiter der Bibelschule entscheiden würden.

Eine Woche später, ich war gerade bei Ruth zu Hause, rief ich an. Schon beim Wählen klopfte meine Pumpe auf Hochtouren, und ein Kloß im Hals schnürte mir die Kehle zu. Ich meldete mich mit meinem Namen, und sofort kam die Antwort: „Ja, Ralf, du kannst kommen; wenn du willst, sofort." Über diese Antwort freute ich mich riesig, obwohl ich auch Bedenken hatte. Ruth ergriff die Initiative und meinte: „Los, du fährst gleich!" Sie fuhr mich nach Lohfeld und sprach mit Günter, ob er mich nicht hinfahren könnte. Ich stand da wie ein begossener Pudel. Auf so einen schnellen Abgang war niemand eingerichtet. Zwar freuten sich die anderen über meine Chance, aber es war eben doch ein Abschied. Ich packte meine wenigen Habseligkeiten in meine schwarze Reisetasche, dann stand ich in der Diele und umarmte jeden einzelnen. Die Tränen konnte ich dabei nur schwer unterdrücken, denn ich hatte allen hier viel zu verdanken. Ich hatte sie liebgewonnen. Schließlich setzten sich Günter und ich ins Auto, ich schaute noch einmal zurück, und dann ging es „on the road again".

Nachwort

Heute bin ich nun schon über drei Jahre mit meiner Frau Martina verheiratet. Inzwischen haben wir einen lieben Sohn mit Namen Philipp und freuen uns auf unser zweites Kind. Gemeinsam arbeiten wir seit eineinhalb Jahren bei Teen Challenge mit. Teen Challenge ist eine Vereinigung, die es sich zur Aufgabe gemacht hat, Menschen zu helfen, die nicht mehr mit ihrem Leben fertig werden. Insbesondere kümmert sich Teen Challenge um Drogenabhängige und gefährdete Jugendliche. Ich selbst bin durch die Teestubenarbeit zum Glauben an Jesus Christus gekommen, der mir half, mein Leben neu zu beginnen.

Vielleicht stellt sich mancher jetzt die Frage, was sich zwischen der Aufnahme an der Bibelschule und meiner jetzigen Arbeit zugetragen hat.

Nachdem ich zwei Monate dort war, wollte ich in den Weihnachtsferien nach Berlin fahren, hauptsächlich um meiner Mutter zu sagen, daß mir alles, was ich ihr angetan hatte, unendlich leid tue. Aber an der Grenze in Helmstedt wurde ich von der Polizei im Zug verhaftet. Zuerst war ich geschockt, aber dann wurde mir klar, daß es gut so war. Meine Vergangenheit mußte in Ordnung gebracht werden. Von Helmstedt aus kam ich nach Braunschweig, dann nach Hannover und schließlich nach Berlin, wo meine Verhandlung stattfand. Zu meiner Überraschung wurde meine Strafe auf drei Jahre zur Bewährung ausgesetzt, und nachdem irgend jemand eine alte Geldstrafe für mich bezahlt hatte, wurde ich freigelassen.

Ich ging zurück zur Bibelschule, wo ich noch bis zum 22.5.1977 blieb. In dieser Zeit lernte ich einen Freund kennen, mit dem ich mich sehr gut verstand. Er nahm mich mit nach Braunschweig zu seinen Eltern, die mir gleich anboten, bei ihnen zu wohnen. Es war einfach fantastisch: Menschen, die ich kaum kannte, brachten mir Vertrauen und Liebe entgegen. Ich zog zu ihnen und suchte mir Arbeit. Als sie in Urlaub fuhren, durfte ich weiterhin in ihrer Wohnung bleiben. Damit trugen sie zu meiner inneren Heilung bei. Es gab also Menschen, die mir trotz meiner Vergangenheit ihr Haus überließen! Auch hier sah ich einen Wesenszug Jesu: Kein Ansehen der Person.

Im August 1977 bekam ich die Möglichkeit, ein Praktikum bei der freien christlichen Jugendgemeinschaft im Rehabilitationszentrum Eimighausen zu machen. Dort lernte ich viele Dinge und erlebte die Wirkung des Wortes Gottes. Vielen jungen Menschen konnte hier geholfen werden. Sie erlebten die Kraft Gottes und Heilung von ihrer Sucht. Acht Monate verbrachte ich auf dem Hof und ging von dort aus Anfang April 1978 zurück nach Berlin.

Klaus brachte mich in einem Haus unter, in dem ich erst einmal für eine Woche wohnen konnte. Das Haus nannte sich One-Way-Haus. Hier wohnten junge Christen zusammen, die in Gemeinschaft miteinander leben wollten.

Nach wenigen Tagen fand ich ein Zimmer, in dem ich zur Untermiete wohnen konnte, und einen Tag später erhielt ich eine Stelle als Küchenhelfer. Es sah so aus, als ob es wie nach einem Plan verlaufen würde. Ich erinnerte mich wieder an „meinen" Vers („Stehe auf und iß, denn du hast einen weiten Weg vor dir") und an das Bild, das ich in Essen vor mir gesehen hatte. Sollte sich dies alles wirklich als der Wille Gottes herausstellen?

Immer mehr erfüllte sich dieser Plan. Nach Feierabend und an freien Tagen besuchte ich Jugendgruppen der verschiedenen Konfessionen und berichtete über das Wirken Gottes in meinem Leben.

Woche für Woche häuften sich die Anfragen, so daß ich oft die Gelegenheit bekam, Jesus Christus zu bezeugen und über meine Erlebnisse zu berichten.

Zu jener Zeit lernte ich auch Martina kennen, meine jetzige Frau. Wir sangen beide im Chor unserer Gemeinde. Sie machte zu der Zeit gerade ihr Anerkennungsjahr als Erzieherin. Mehr und mehr kamen wir uns näher und verliebten uns. Am 6.4.1979 heirateten wir. Martina arbeitete danach in einem Kinderheim weiter, und ich bekam eine bessere Stelle bei Siemens. Jetzt wurden wir oft gemeinsam eingeladen, in Kirchen, bei Evangelisationsveranstaltungen und anderen Treffen zu berichten, daß Jesus der Weg, die Wahrheit und das Leben ist.

Ende 1980 standen wir vor einer schwierigen Entscheidung. Der Leiter von Teen Challenge Berlin fragte uns, ob wir bereit wären, in die Arbeit dort einzusteigen. Martina und ich beteten um eine klare Antwort Gottes. Die Entscheidung fiel, und wir kündigten unsere Verträge bei unseren Arbeitgebern. Damit begann ein wirklich abenteuerliches Leben. Wir zogen in das Teen Challenge Haus, das als Übergangseinrichtung für Drogenabhängige dient. Hier nehmen wir Menschen auf, die ein neues Leben beginnen wollen.

Anfangs war es für mich eine große Umstellung, und manchmal waren wir total erschöpft. Aber immer wieder stärkte uns Gott, so daß wir die Arbeit weiter tun konnten. Durch „Zufall" bekam ich durch meinen damaligen Freund Nobse eine Menge Dias, die wir in unserer Drogenzeit gemacht hatten. Diese Dias stellte ich zu einer Serie zusammen, die meinen Abstieg in die Drogenszene zeigte, aber auch, wie ich als glücklicher und befreiter Mensch jetzt lebe. Mit dieser Serie gehe ich in die Schulen in Berlin und im Bundesgebiet, spreche über die Gefahren der Drogen und erzähle, wie Gott ein sinnvolles Leben schenken kann. Ich staune immer wieder, mit welcher Offenheit die Jugendlichen über ihre Schwierigkeiten reden und mit welcher Aufgeschlossenheit sie die Botschaft des Evangeliums aufnehmen. Ich könnte noch viel berichten über die Wunder, die wir tagtäglich hier in unserer Arbeit erleben, aber das würde wieder viele Seiten füllen.

Die Frage, warum ich dieses Buch geschrieben habe, ist einfach zu beantworten: Es soll eine Antwort sein auf das Buch: „Wir Kinder vom Bahnhof Zoo". Ich möchte Hoffnung wecken und jungen Menschen Denkanstöße geben für ein sinnvolles Leben, das uns nur Gott in Jesus Christus vermitteln kann. Mein Wunsch ist es, daß durch dieses Buch Menschen zum Glauben an Jesus Christus kommen und anfangen, ihren Nächsten zu lieben wie sich selbst.

Unser Team von Teen Challenge, das zur Zeit aus zehn ehrenamtlichen und fünf hauptamtlichen Mitarbeitern besteht, hat den Wunsch, daß Gott noch viele Menschen bereit macht, sich dem großen Heer der Verzweifelten, Einsamen und Hoffnungslosen entgegenzustellen, um ihnen zu helfen.

Wir hoffen und beten, daß wir bald ein Teen Challenge Center in Berlin haben werden, um noch breitflächiger arbeiten zu können, damit es bald keine „Kinder vom Bahnhof Zoo" mehr gibt, sondern nur noch „Kinder des Höchsten".

Spezialausdrücke der Drogenszene

Afghane	Haschisch-Sorte
antörnen	in einen Rauschzustand versetzen
Braut	Mädchen, junge Frau
Cannabis	Hanfpflanze, Rohstoff für Haschisch und Marihuana
clean	drogenfrei
cool	jemand, der sich durch nichts aus der Ruhe bringen läßt
dealer	Rauschgifthändler
dealen	mit Rauschgift handeln
Dope	allgemein Droge, besonders Heroin
Dröhnwasser	Alkohol/Schnaps
Feeling	Gefühl, besonders Empfindungen unter Drogeneinfluß
Fixe	(Heroin-)Spritze
Freak	jemand, der sich nicht in das normale, bürgerliche Leben einfügen will
Gun	(Heroin-)Spritze
Hasch/Haschisch	Harz der Cannabis-Pflanze
Joint	Haschischzigarette
Joke	Witz, Scherz
Junkie	(Heroin-)Abhängiger
Kalifornische Acidtrips	LSD
Kiffer	Haschraucher
Libernese	Haschisch-Sorte
Linken	übers Ohr hauen
Löschblatttrips	flüssiges LSD, das auf Löschpapier geträufelt wird
Löte	Zigarette
Mandrax	starkes Schlafmittel, vor Jahren weit verbreitet, heute unter Rezeptpflicht gemäß BTM-Gesetz
Marihuana	Stengel und Blätter der Cannabis-Pflanze
Mikros	kleine, besonders starke LSD-Trips
Nembutal	Barbiturat (starkes Schlafmittel)
Pakistani	Haschisch-Sorte

Rosimon (neu)	Schmerzmittel und Barbiturat. Früher frei verkäuflich, heute ausschließlich unter Rezeptpflicht
Schilum / Schili	Haschisch-Pfeife
Shit	Haschisch
Schnief	Drogen (meist Heroin) durch die Nase inhalieren
Speed	Halluzinogen, das z.B. im LSD enthalten ist
Szene	allgemein für Drogen-Szene
tibetanische Knoten	LSD-Trip
Trebe	ohne festen Wohnsitz sein, auf der Straße leben
Trip schmeißen/ einwerfen	LSD nehmen
Turkey	Entzug
Tüte bauen	Haschischzigarette drehen
Typ	junger Mann
Valoron	starkes Schmerzmittel
Valium	Tranquilizer, Beruhigungsmittel. Erzeugt bei richtiger Dosierung Rauschzustände. Gefährliches Einstiegsmittel
verticken	verkaufen

Weitere Sachbücher und Biographien aus dem Verlag Schulte + Gerth

Johnny Cash: **Der Mann in Schwarz**
Der weltbekannte Country-Sänger beschreibt in großer Offenheit sein turbulentes Leben und die große Wende, die sich darin vollzogen hat.
Nr. 15 595

Cliff Richard: **Ein Christ im Showgeschäft**
Autobiographie eines Popstars, dem die Flimmerwelt der Schlager genauso vertraut ist wie die ständige Begegnung mit dem lebendigen Gott
Nr. 3 003

Betty Malz: **Ich sah ein Stück der Ewigkeit**
25 Minuten lang war Betty Malz nach einer Operation klinisch tot. Sie schildert ihre Erlebnisse, die über die bekannt gewordenen Sterbeerfahrungen hinausgehen.
Nr. 15 306

Paula d'Arcy: **Meine liebe Sarah**
Das Tagebuch einer jungen Frau, die nach einem schweren Unfall Mann und Kind verliert. Ein Buch voller Verzweiflung, aber auch voller Hoffnung und Trost.
Nr. 15 328

Georg Schönauer: **Jagd nach Brot und Dollars**
Autobiographie eines Mannes, der immer auf der Suche nach Abenteuern und dem großen Geld war. Nicht nur einmal hing sein Leben an einem seidenen Faden.
Nr. 15 959

Joni Eareckson: **Joni**
Ein junges Mädchen ist nach einem Badeunfall querschnittgelähmt. Nach bitteren Kämpfen lernt sie, ihr Schicksal anzunehmen. Autobiographie.
Nr. 15 289 Auch als Tb erhältlich. Nr. 15 598

Joni Eareckson: **Der nächste Schritt**
Joni hat ihre Erfahrungen vertieft, ist gereift, und der Leser folgt staunend einem großen Leben, in dem sich Gott so offensichtlich offenbart hat.
Nr. 15 312 Auch als Tb erhältlich. Nr. 15 511

Meg Woodsen: **Wenn ich mit dreißig sterbe**
Das Mädchen Peggy erfährt, daß es sehr früh sterben wird. Zusammen mit seiner Mutter durchläuft es alle Phasen von der Ablehnung bis zur Annahme des Schicksals.
Nr. 15 311

C.W.Stafford: **Schrei im Wind**
Eine spannende und informative Autobiographie einer Indianerin, deren Leben sich nach Elend und Selbstmordversuch drastisch ändert.
Nr. 15 304

C.W.Stafford: **Lied im Wind**
Das Leben wird für die bekehrte Indianerin zur Zerreißprobe. Nur mühsam findet sie ihren richtigen Platz und kann es kaum begreifen, zur Missionarin berufen zu sein.
Nr. 15 322

Lee Hultquist: **Verlockende Stimmen**
Die verlockenden Stimmen der modernen Jugendsekten führen Jugendliche in die totale Abhängigkeit. In diesem Buch wird ausführlich über den Weg aus den Klauen der Kinder Gottes berichtet.
Nr. 15 591

Tim Stafford: **Liebe, Sex und Du**
Mit sehr großem Einfühlungsvermögen antwortet der Autor auf die Fragen Jugendlicher. Er gibt praktische Antworten zu allen Problemen, die durch Freundschaften entstehen.
Nr. 15 590

Tim Stafford: **Kampf mit den Eltern**
Brauchbare, sehr klar gegliederte Vorschläge für die jüngere und die ältere Generation zur Überwindung der auftretenden Alltagsprobleme.
Nr. 15 321

Ingetrud Birkenstock: **Eiserne Türen zerbrechen**
Bericht über eine Erweckung unter den Zulus in Süd-Afrika, die mit allen Zeichen und Wundern stark an das Geschehen in der Apostelgeschichte erinnert.
Nr. 15 506

Jackie Pullinger: **Licht im Vorhof der Hölle**
Eine junge Engländerin beginnt eine Missionsarbeit in einem der übelsten Slums der Welt. Mit Gottes Hilfe schafft sie es, ein wenig Hoffnung in das Elend zu bringen.
Nr. 15 599